O NATURAL É SER INTELIGENTE

Dados Internacionais de Catalogação na Publicação (CIP)
(Câmara Brasileira do Livro, SP, Brasil)

Markova, Dawna

O natural é ser inteligente / Dawa Markova ; [tradução Denise Maria Bolanho].
– São Paulo: Summus, 2000.

Título original: The open mind.
Bibliografia.
ISBN: 978-85-323-0689-0

1. Comunicação interpessoal 2. Inteligência 3. Pensamento
4. Programação neurolinguística 5. Psicologia da aprendizagem I. Título.

00-2245 CDD-153

Índice para catálogo sistemático:
1. Inteligência : Processos mentais : Psicologia   153

Compre em lugar de fotocopiar.
Cada real que você dá por um livro recompensa seus autores
e os convida a produzir mais sobre o tema;
incentiva seus editores a encomendar, traduzir e publicar
outras obras sobre o assunto;
e paga aos livreiros por estocar e levar até você livros
para a sua informação e o seu entretenimento.
Cada real que você dá pela fotocópia não autorizada de um livro
financia um crime
e ajuda a matar a produção intelectual em todo o mundo.

O NATURAL É SER INTELIGENTE

PADRÕES BÁSICOS DE APRENDIZAGEM A
SERVIÇO DA CRIATIVIDADE E EDUCAÇÃO

DAWNA MARKOVA

summus
editorial

Do original em língua inglesa
THE OPEN MIND
Copyright © 1996 by Dawna Markova, Ph.D.

Tradução: **Denise Maria Bolanho**
Capa: **Camila Mesquita**
Editoração eletrônica e fotolitos: **JOIN Bureau de Editoração**

Editora Summus
Departamento editorial
Rua Itapicuru, 613 — 7º andar
05006-000 — São Paulo — SP
Fone: (11) 3872-3322
Fax: (11) 3872-7476
http://www.summus.com.br
e mail: summus@summus.com.br

Atendimento ao consumidor
Summus Editorial
Fone: (11) 3865-9890

Vendas por atacado
Fone: (11) 3873-8638
Fax: (11) 3873-7085
e-mail: vendas@summus.com.br

Impresso no Brasil

*Minha avó tinha uma caixinha de madeira sobre a cômoda.
Dentro dela havia um punhado de terra. Quando lhe perguntei de
onde viera aquela terra, ela apenas disse: "De casa". Até onde sei,
ela a carregou consigo por mais de oitenta anos. Ao chegar nesse
país, ela espalhou uma pitada da terra sob os seus pés para
transformar o solo estranho num amigo.*

*Este livro contém as sementes que brotaram daquele
punhado de terra.
Elas esperaram no escuro, cobertas por diversos
silêncios e hesitações.*

*Elas foram regadas com muitas lágrimas e fertilizadas pelas
pessoas e experiências que foram meus professores.
Agora, eu as ofereço à sua luz.*

*Que aquilo que veio a mim como semente possa ser transmitido
a você como flor.
Que todas floresçam: o livro,
a pessoa que escreveu o livro,
as pessoas que lêem o livro.
Que você também possa transmiti-las aos outros, como frutos.*

O que os estudantes de *O natural é ser inteligente* estão dizendo:

Este livro levou-me a um lugar maravilhoso, onde posso me familiarizar com o rompimento de hábitos, sair do cubículo ao qual nunca pertenci e, finalmente, me tornar quem sempre fui!

Janice, administradora de universidade

Ele me fez perceber que não existe culpa. Nenhuma! Há apenas uma série de jornadas e agora sei que, dentro de mim, tenho plena capacidade de decidir transformar a minha numa jornada maravilhosa.

George, orientador de jovens carentes

Como explicar a maravilha que é receber de volta o meu verdadeiro eu, eliminando a pesada carga de definições e limitações que os outros colocaram em cima dele! Eu não me sinto mais como se estivesse tentando voltar para casa... finalmente, eu estou em casa!

Jan, corretor da Bolsa de Valores

Não acredito em anjos, mas, se acreditasse, juraria que um deles me mandou este livro. Eu estava pronta para deixar o emprego no dia em que, por acaso, encontrei-o numa livraria. Durante os dez dias seguintes, li um capítulo de cada vez, para assimilar bem. Comecei a fazer novas perguntas a respeito de mim mesma e das outras pessoas e a notar coisas que eu nunca notara antes. Depois de ler o último capítulo, todas as manhãs eu me perguntava: "Eu estou vivendo plenamente todas as minhas capacidades?"

Karen, consultora política

Estou atordoado. Não sei exatamente o que farei com as coisas que aprendi neste livro, mas sei que jamais poderei subestimar ou desprezar a sabedoria que é novamente minha!

Terri, conselheiro

Depois de ler este livro, compreendo o que sempre soube em meu coração – mas que a minha mente temia acreditar – que os meus filhos, que todos nós, temos talentos únicos e visíveis, dos quais o mundo precisa.

Marjorie, mãe

Como qualquer um de nós pode manter um relacionamento com qualquer pessoa sem conhecer as informações deste livro?

Mason, mediador

Usando estes ensinamentos, desapareceram o choque e o medo com os quais tive de lidar quando estava trabalhando num set de filmagem. Agora sei como colaborar verdadeiramente com os outros, cuja mente funciona de maneira diferente.

Etain, atriz

Descobri que não preciso mais tentar atravessar paredes, pois agora sei como encontrar portas.

Michelle, enfermeira

Passei a me comunicar de maneira diferente, a me relacionar com as pessoas de maneira diferente, a me compreender de novas maneiras. Sinto-me mais saudável do que nunca.

Cathy, instrutora de programas para perda de peso

Conhecer esses padrões perceptivos me faz compreender as outras pessoas sem limitá-las ou simplificá-las demais. E isso, em vez de me deixar confusa ou reprimida, deixa-me curiosa.

Susan, banqueira

Agora tenho opções para lidar com os problemas na minha vida, nas (opções) quais nunca pensara antes. Não preciso mais verbalizar e me sentir sem saída.

Leslie, bailarina

Sumário

1 Aprender é descobrir que uma coisa é possível 15
Aprender não é tanto ser ensinado; é ser despertado para quem você realmente é. **O natural é ser inteligente** *o convida a iniciar a jornada de renomear, reinvindicar, redomesticar e redirecionar as capacidades adormecidas da sua mente.*

2 Tornando-se inteligente a respeito da sua inteligência 28
Há diferentes tipos de inteligência, muitos talentos naturais que se combinam de maneiras únicas para caracterizar o padrão de pensamento de cada mente. Aqui você fará uma viagem pelos diversos estados de pensamento — a maneira como ele é metabolizado no cérebro para organizar, classificar e gerar novas idéias a partir da sua experiência.

3 As linguagens naturais da mente 47
O cérebro utiliza três principais linguagens simbólicas para pensar. Aqui, você descobrirá qual delas a sua mente utiliza para receber e organizar informações, equilibrar as experiências internas e externas e, a partir daí, criar novos padrões.

4 A verdadeira natureza das nossas diferenças 77
Aqui é apresentada uma visão geral dos seis padrões de pensamento da inteligência natural e diversas maneiras para descobrir o seu. Cada padrão é discutido em profundidade nos capítulos seguintes, por meio de instantâneos, uma descrição de características, um retrato composto, bem como de orientações sobre como se dar bem e oferecer apoio a pessoas cuja mente funciona dessa maneira.

5 AVC: Auditivamente alerta, Visualmente centrado, Cinestesicamente sensível 99

6 ACV: Auditivamente alerta, Cinestesicamente centrado, Visualmente sensível 104

7 VAC: Visualmente alerta, Auditivamente centrado, Cinestesicamente sensível 109

8 VCA: Visualmente alerta, Cinestesicamente centrado, auditivamente sensível 1116

9 CVA: Cinestesicamente alerta, Visualmente centrado, Auditivamente sensível 123

10 CAV: Cinestesicamente alerta, Auditivamente centrado, Visualmente sensível 130

11 Voltando-se para si mesmo 138
Este capítulo ilustra e emprego dos padrões de pensamento para liberar o seu pensamento e se relacionar com os "mesmos velhos problemas" de novas maneiras. Pela prática empírica e pelas histórias sobre como as pessoas de cada padrão usaram essa abordagem, você conhecerá maneiras mais profundas para colocar em prática essas informações em sua vida.

12 Compartilhando o é possível — Unindo-se aos outros 157
Este capítulo irá ajudá-lo a aplicar o conhecimento adquirido sobre os padrões de pensamento nos relacionamentos com os outros. Ele oferece sugestões e práticas específicas para a comunicação com compaixão, bem como habilidades para traduzir a sua mensagem na linguagem de outra pessoa.

13 Vivendo as perguntas 187

A seguir, algumas das perguntas feitas com maior freqüência pelas pessoas que estão aprendendo a compreender e a se integrar neste material. Talvez você possa reconhecer aqui suas próprias dúvidas. As minhas respostas não são definitivas ou finais a essas perguntas. Elas são o melhor que posso fazer para honrar essa exploração, com a minha experiência e curiosidade.

14 Arrisque o seu significado 205

Aqui, você é convidado a explorar as implicações amplas em sua vida pela abertura da sua mente.

Bibliografia 217

Lista de mapas 220

Agradecimentos 221

1

Aprender é descobrir que uma coisa é possível

*...e se você souber olhar e aprender,
então a porta está lá
e a chave está na sua mão.
Ninguém no mundo pode lhe dar
essa chave ou abrir a porta,
a não ser você mesmo.*

J. Krishnamurti

Aprender não é tanto ser ensinado; é ser despertado para quem você realmente é. Este capítulo o convida a iniciar a jornada.

Do meu coração para o seu

Os gregos antigos acreditavam que a mente humana estava localizada no coração. Por ser tão essencial, eles achavam que ela devia estar no mais vital de todos os órgãos. Os ferimentos na cabeça nem sempre eram mortais, mas os do coração eram. Portanto, eles presumiam que a mente devia morar no coração.

Se meu coração pudesse pensar, será que o meu cérebro começaria a sentir?

— Van Morrison

Tenho uma amiga chinesa que aponta para o centro do peito sempre que diz: "a minha mente". Ela me disse que esse gesto é comum em sua cultura. Apesar de sabermos que o sangue está constantemente fluindo pelos ventrículos do coração, renovando todo o nosso sistema, ao nos tornarmos adultos presumimos que as capacidades da nossa mente são fixas. Assim, eliminamos uma série de possibilidades: "Eu não sou uma pessoa articulada". Ou, "Sou o tipo de pessoa racional". Mas, e se pudéssemos abrir a mente para a entrada de novas idéias sobre a nossa capacidade de fazer, conhecer e ser?

Quero levá-lo a uma afinidade confortável com a mente aberta do seu coração. Felizmente, como resultado da leitura deste livro, você poderá começar a confiar em si mesmo e a ver o mundo de outra maneira. Gostaria de pensar que a sua curiosidade reacenderá uma habilidade viva, disponível, e que as barreiras que você criou — a crosta dura e sólida que mantém o resto do mundo lá fora, isolando-o dentro de si mesmo — sejam suavizadas, transformando-se em fronteiras que definirão o seu espaço, permitindo uma intimidade fundamental com as outras pessoas.

As pessoas aprendem de maneiras diferentes

Este livro o convida a aprender como você aprende. Ele não mostrará quanto você é esperto, mas irá ajudá-lo a descobrir **COMO** você é esperto. Ele é um manual do proprietário para adultos que estão tentando se desenvolver enquanto envelhecem, para adolescentes que vão tirar a carteira de habilitação para poderem dirigir sozinhos a sua mente, para professores, orientadores e amantes. Ele foi escrito para qualquer pessoa que se defina como aprendiz ou que tenha dificuldade para lembrar, organizar ou absorver informações e experiências.

Ele é para aqueles que continuam presos nas lacunas da comunicação, quando o que estão tentando criar é uma forma de serem compreendidos, um local de encontro onde as mentes possam se tocar. Ele é para águias cansadas de viver em gaiolas como se fossem galinhas. O material aqui incluído é composto daquilo que foi excluído das escolas. O sistema educacional ensina as pessoas (bem, algumas pessoas, de qualquer modo!) a entender as leis da física e da matemática, falar alemão, analisar a sintaxe de uma frase e usar complicados equipamentos de laboratório e computadores caros, mas nunca as ensina a operar a própria mente.

> O eu é aprendido. O que é aprendido pode ser ensinado.
> — Virginia Satir, *Peoplemaking*

Atualmente, somos forçados a lidar com mudanças sociais e políticas cada vez mais rápidas. A organização das informações e o desenvolvimento de recursos humanos é a nossa nova fronteira. Inevitavelmente, precisamos aprender a facilitar o *processo* de aprendizagem. Em vez de simplesmente acumularmos novas teorias e mais informações, que estarão ultrapassadas em alguns anos, devemos nos concentrar em aprender *como* aprender.

Aqui você não encontrará respostas ou soluções definitivas, mas espero que este livro mostre o caminho para uma percepção do divino, para o respeito pelo mistério que envolve cada ser humano. Ele não lhe dirá para onde ir ou o que fazer, mas irá ajudá-lo a encontrar o caminho, em seu próprio ritmo. Ele não facilitará a sua vida, mas o ajudará a compreender como você pode pensar, aprender e se comunicar mais efetivamente.

Minha intenção é criar condições para que você possa fazer descobertas a respeito de si mesmo e dos outros, mas não haverá verdadeiras surpresas. Os princípios são novas perspectivas de antigas paisagens, um vocabulário útil que lhe permitirá falar e captar aquilo que os comunicadores, professores e terapeutas talentosos já sabem há muito tempo — que as pessoas aprendem de maneiras diferentes.

Este livro o ajudará a perceber qual dos seis padrões individuais da inteligência natural sua mente utiliza para se concentrar, criar e compreender suas características, seus talentos e suas idiossincrasias. Essa não é uma tecnologia mental bidimensional para ser usada em outras pessoas. É um *guia* para a comunicação com outras pessoas, no trabalho e em casa, do jeito que elas são e não como você acha que deveriam ser.

Esse não é o único modelo para estudar a sintaxe mental, a ordem em que as pessoas pensam. Existem sistemas que utilizam processos semelhantes aos encontrados neste livro, mas, devido à sua ênfase mais técnica na classificação do funcionamento da mente humana, eles seguem numa direção muito diferente.

Escrevi este livro para que você possa aprender a confiar na própria mente, com todos os seus absurdos desvios e obsessões implacáveis; para que possa redescobrir os impulsos naturais perdidos na infância. Ele foi concebido para ajudá-lo a adquirir confiança nas suas próprias capacidades.

> A chegada à consciência não é uma coisa nova; é um longo e doloroso retorno àquilo que sempre foi.
> — Helen Luke, *The Inner Story*

Minha esperança é de que ele ofereça uma moldura na qual você possa estender a tela da sua experiência. Seu propósito é oferecer orientação e forma, revelar a arte adormecida em sua vida.

O coração pulsa, contraindo e dilatando. Uma vez que as minhas idéias têm sido divulgadas durante os últimos trinta anos, recebi um tremendo *feedback* sobre a melhor maneira de ensiná-las e utilizá-las efetivamente. Conseqüentemente, o próprio sistema foi constantemente transformado.

Ao reler o primeiro livro que escrevi sobre essa abordagem, *The art of the possible,* percebi que ele estava longe de expressar o atual pensamento coletivo sobre o funcionamento da mente, portanto, decidi escrever uma nova versão. O livro que você agora está segurando em suas mãos é uma cópia exata daquilo que foi compartilhado comigo, uma coleção de espelhos flexíveis trazida à luz.

A fonte de onde flui este livro

Essa abordagem para compreender o funcionamento da mente tem como base um modelo que entrelaça a sabedoria de minha avó e a do praticante e professor de hipnoterapia mais importante do século XX, Milton Erickson, bem como pesquisas em psicologia clínica e educacional, modalidades perceptivas, teoria da aprendizagem, hipnoterapia, arteterapia expressiva e artes marciais. Além disso, foram acrescentados os fios dos trinta anos de ensino em salas de aula e a prática particular em psicoterapia, bem como centenas de consultas com pessoas das mais diversas áreas de atividade, desde negócios, saúde, educação até organizações de serviço social.

Minha avó ensinou-me que é possível ver, ouvir e sentir com o coração, e que se realmente desejamos compreender alguém é preciso abrir a nossa mente. Milton tinha um carinho especial pela singularidade de todo ser humano com quem entrava em contato. Por intermédio dele, desenvolvi uma curiosidade apaixonada pela inteligência natural única de cada pessoa, bem como o desejo de descobrir o estado que mais ajudaria a manifestá-la no mundo.

Fui inspirada pela excelente e extensa pesquisa realizada por Marie Carbo, Kenneth Dunn *et al.* da *St. John's University,* de Nova York, sobre os efeitos em crianças que aprenderam a ler usando o seu "es-

> Não acredito muito na educação. Cada homem deve ser o próprio modelo, por mais terrível que possa ser.
> — Albert Einstein

tilo único de aprendizagem", uma combinação de preferências perceptivas, ambientais e organizacionais.

Quando eu estava fazendo pós-graduação, treinando avaliação psicológica e educacional, meus professores me ensinaram que todos nós pensamos da mesma maneira e que uns são mais inteligentes que outros. Mas, quando dei aulas nos bairros mais pobres, as crianças ajudaram-me a descobrir que todos somos naturalmente "capazes" de maneiras diferentes. Sentia-me atraída pelas crianças "esquisitas", aquelas de quem todos haviam desistido. Elas eram uma mistura variada de "casos perdidos", classificadas como anti-sociais, retardadas, incapazes de aprender, autistas, emocionalmente perturbadas, disléxicas, hiperativas — aquelas que estavam quebradas e danificadas. Minha tarefa era descobrir o que havia de errado com elas, colocar o diagnóstico num formulário e mantê-las fora do caminho dos outros.

Passei três semanas tentando ser "professora". As crianças tinham o controle e os meus maxilares pareciam um par de tornos enferrujados e emperrados. Eu estava pensando seriamente em mudar de profissão — como dirigir um guindaste em Utah, por exemplo. Uma vez que nada dava certo com aquelas crianças, eu fiquei apavorada. Assim, fiz a única coisa que sei fazer quando fico apavorada: li um livro. Felizmente, encontrei um livro intitulado *Beyond culture,* de um antropólogo chamado Edward Hall. Apesar de não se tratar de psicologia ou educação, as crianças com quem eu estava trabalhando certamente estavam além de qualquer cultura que eu jamais conhecera em minha criação suburbana bem protegida. Enquanto lia no metrô, as palavras de Hall iluminaram o meu desespero:

"Todas as minhas experiências e pesquisas a respeito de como as pessoas compreendem as coisas e as experiências de vida ensinando diversos grupos profissionais, clientes, alunos, que criam imagens no cérebro de maneiras diferentes, criaram um impacto suficiente para livrar-me das amarras perceptivas e conceituais de minha própria cultura. *Comecei a perguntar a todos os alunos como eles se lembravam das coisas e como os seus sentidos estavam envolvidos no processo de pensamento.* Naturalmente, a maioria não tinha a menor idéia de como pensava ou lembrava e precisou passar por um longo processo de auto-observação. Quando finalmente começaram a descobrir alguma coisa sobre a organização dos seus sentidos, invariavelmente chegavam à conclusão de que todas as pessoas eram iguais a eles, uma noção à qual se aferravam obstinadamente... Essa projeção comum das nossas capacidades sensoriais ou da sua ausência pode explicar por que, com freqüência, os professores são impacientes ou pouco indulgentes com alunos que não têm a mesma capacidade sensorial que eles."

Eu não apenas encontrara a informação que faltava nas teorias da aprendizagem que eu aprendera, como as palavras do sr. Hall também foram um dedo apontando diretamente para as crianças. Pergunte às crianças! Por que ninguém lhes perguntou como elas aprendiam?

Na manhã seguinte, eu não conseguia esperar para chegar à escola, excitada demais até para fazer as palavra cruzadas do *New York Times* no metrô. Entrei correndo na sala de aula e, antes que as crianças pendurassem seus casacos, eu já as estava atacando com perguntas sobre como elas aprendiam. Naturalmente, minha abordagem foi um pouco exagerada. Samantha, que era só rabo-de-cavalo e grandes olhos castanhos, olhou-me com curiosidade e

As pessoas são diferentes entre si. Um líder precisa ter consciência dessas diferenças e utilizá-las para otimizar as habilidades e tendências de todos. Atualmente, a indústria, a educação e o governo agem como se todas as pessoas fossem iguais. As pessoas aprendem de maneiras diferentes e em ritmos diferentes. Algumas aprendem melhor lendo, outras escutando; algumas observando imagens, paradas ou em movimento, outras, observando alguém fazer... Nós nascemos com uma tendência natural para aprender e inovar.

— W. Edwards Deming, Ph.D.
"A System of Profound Knowledge"

exclamou: "Professora, não entendo o que a senhora está me perguntando, mas, com certeza, a senhora está pegando fogo!"

Humildemente, passei o resto do dia feito boba, algo que não me permitia fazer desde os cinco anos de idade. Imediatamente, tornou-se óbvio que essas crianças já haviam aprendido como fazer muitas coisas. Elas podiam ter ficado perdidas num mundo feito de papéis, mas havia mundos onde as suas diferentes inteligências podiam ser encontradas. Os testes de QI padronizados mostravam que elas não eram inteligentes mas, quando me dispus a ficar "boba", tornou-se óbvio *como* elas eram espertas.

Samantha tinha razão. Havia alguma coisa queimando dentro de mim e que continuou a queimar durante os últimos trinta anos. É preciso muito trabalho para fazer uma criança *não* aprender. Muito controle, muita desabilidade. Quando éramos crianças, aprendemos de forma natural as tarefas inacreditavelmente complicadas de andar e falar. Não tivemos de ser motivados ou formalmente ensinados. Cada um aprende no próprio ritmo, à sua maneira. Dentro de uma semente, já existe uma árvore; as possibilidades da nossa vida já existem dentro de nós, esperando uma quantidade suficiente de calor e luz para desabrochar.

> Na verdade, é nada menos do que um milagre que os métodos modernos de educação não tenham sufocado totalmente a sagrada curiosidade da investigação.
> — Albert Einstein

Não seria totalmente verdadeiro afirmar que descobri a abordagem descrita neste livro. Eu a aprendi com as crianças. As esquisitas. Aquelas que não podiam, não deviam e que não se encaixavam nos pequenos compartimentos arrumados dos diagnósticos padronizados. As crianças que ensinei nas favelas do Harlem, nos campos de trabalhadores em Coconut Creek, nos subúrbios de Larchmont e nas regiões remotas de Orfordville. As crianças que me ajudaram a saber que era *minha* responsabilidade encontrar a abordagem específica para cada uma delas. Que era *minha* responsabilidade encontrar os recursos necessários, a habilidade, a saúde que já estavam lá e desenvolvê-los. Elas são os meus professores, os Joes e Jeromes, as Janes e Samanthas, pois elas foram realmente as musas deste trabalho.

Meu sonho é que um dia este livro chegue às suas mãos, quer elas estejam numa prisão na Flórida, conduzindo um trem de carga pelos campos de trigo de Iowa ou operando apêndices num pronto-socorro em Nairobi. Fico encantada ao imaginá-las lendo estas palavras e endireitando os ombros ao descobrirem como as suas impressões digitais marcaram profundamente a argila úmida da minha mente.

Usando este livro

O natural é ser inteligente irá ensiná-lo a usar o instrumento da sua mente para aprender com facilidade e comunicar-se mais efetivamente. Ele contém informações conceituais, proporcionando uma compreensão lógica, organizada; há descrições narrativas de pessoas aplicando essa abordagem em sua vida, bem como práticas para a compreensão experimental, empírica; há histórias, sonhos e casos para dar apoio à compreensão intuitiva.

Quando estou ensinando, sempre acabo contando histórias. Aprender por meio de metáforas é descobrir o objetivo, o padrão de possibilidades, a totalidade de uma coisa. Aprender com histórias é aprender com o coração.

Muitas das histórias deste livro são casos extraídos da vida de pessoas que estudaram comigo. Elas são pessoas reais, boas e honestas, cujas histórias, declarações e perguntas foram incluídas porque as suas jornadas individuais parecem transcender a personalidade e falar numa só voz. Elas não são combinações, reproduções razoáveis ou invenções da minha imaginação fértil, a não ser quando identificadas como tal. Entretanto, mudei nomes e alguns detalhes de identificação para proteger a sua privacidade e, algumas vezes, apresento versões resumidas para maior clareza.

O Capítulo 2 irá ajudá-lo a identificar e a compreender o funcionamento dos três diferentes estados de consciência — beta, alfa e teta. O Capítulo 3 descreve as linguagens simbólicas que a mente utiliza no processamento para organizar, classificar e criar novos padrões a partir da experiência.

O Capítulo 4 apresenta uma visão geral dos padrões de pensamento, bem como algumas ferramentas para ajudá-lo a descobrir o seu. Os Capítulos 6 a 10

> Ao adquirirmos qualquer nova habilidade global, a aprendizagem inicial é, quase sempre, um grande esforço; primeiro cada componente da habilidade e, depois, a integração suave dos componentes... Mais tarde, quase esquecemos que aprendemos a ler, aprendemos a dirigir, aprendemos a desenhar.
> — Betty Edwards, *Drawing on the right side of the brain*

22

oferecem uma compreensão profunda de cada padrão pessoal de pensamento e orientações para um bom relacionamento com pessoas cuja mente utiliza essa forma de inteligência natural.

O Capítulo 11 está relacionado ao uso dessa habilidade para satisfazer as suas necessidades pessoais e libertar o seu pensamento, enquanto o Capítulo 12 concentra-se na aplicação dessa habilidade no relacionamento e na comunicação solidária com os outros. O Capítulo 13 é uma investigação aberta, contendo as perguntas feitas com maior freqüência a respeito dessa abordagem. E o Capítulo 14 discute a ética na utilização dessas informações e suas implicações mais amplas.

Depois de fazer esse estardalhaço sobre o fato de que todas as mentes aprendem de maneiras diferentes, seria uma contradição absurda compartilhar este modelo com você apenas de uma maneira. Portanto, neste livro são utilizados muitos e diferentes processos para apresentar informações.

Um deles lhe pedirá para aprender com o corpo, cinestesicamente; outro mostrará a informação visualmente, com mapas, diagramas e fotografias; outro, ainda, apresentará a informação com descrições verbais, diálogos e entrevistas. Além disso, há histórias e casos para ilustrar maneiras específicas de utilizar essas informações em situações do dia-a-dia.

Cada uma deles irá afetá-lo de maneira diferente. Você poderá achar uma informação eletrizante, enquanto outra poderá fazê-lo bocejar tantas vezes que o seu maxilar ficará dolorido. Por favor, observe aqueles que funcionam para você e como cada um deles o afeta. Essa informação é parte da descoberta daquilo que a sua mente precisa para operar confortável e eficazmente.

> Dizer não é ensinar e escutar não é aprender.
> — Bob Barkley

Os dados de diversos mapas e descrições foram extraídos de centenas de *workshops* realizados em todo o país nos últimos quinze anos. Eles incluem características consideradas verdadeiras na **maioria** das pessoas cuja mente funciona de maneira semelhante. Os japoneses dizem que um dedo apontando para a Lua não é a Lua. Nem todas as pessoas apresentam todas as características, e é possível encontrar características em comum com muitos padrões. Esses mapas servem de guias; por favor, utilize-os delicada, carinhosa e livremente, e, é claro, com curiosidade e compaixão.

As práticas

Este livro o convida a incorporar a aprendizagem por meio de uma série daquilo que chamo de práticas. Não de exercícios. A palavra exercício vem do latim e significa "manter-se ocupado". Ela me faz pensar numa lousa, onde é preciso escrever trezentas vezes: "Eu não jogarei bolinhas de papel em Johnny Marcus". Ela me faz pensar em 125 repetições num aparelho para fortalecer meu abdome. Os exercícios nos levam ao mesmo velho cruzamento, da mesma velha maneira, o que não ajuda a abrir a mente.

Decidi utilizar a palavra "prática" após observar Richard Kuboyama, meu *sensei* de Ki-aikido (professor de artes marciais), executar um lindo movimento de rolamento no chão acolchoado do ginásio de esportes. Eu tentava fazer o mesmo movimento havia meia hora, mas tudo que consegui foi uma imitação razoável de um albatroz tentando sair da frente de si mesmo. Perguntei ao sensei quanto tempo ele levou para aprender aquele movimento. Ele respondeu tranqüilamente: "Aprender? Ah! Eu ainda não o aprendi. Eu estou praticando há apenas dezoito anos".

Minha mente começou a desenrolar, como normalmente fazia quando ele falava, e perguntei quanto tempo mais ele achava que precisaria para aprender a executá-lo. Suavemente, ele colocou a mão no meu ombro e piscou os olhos castanhos diversas vezes antes de responder, "Dawna, eu nunca *aprenderei*. Eu sempre irei apenas *praticá-lo*. Na verdade, é só isso o que existe na vida, você sabe. Apenas prática."

Este livro contém muitas práticas. Elas irão ajudá-lo a viver o que você está aprendendo, transformando-o num participante ativo nesse processo, em vez de um receptor passivo que é ensinado. Fazer é parte do saber. As práticas incluídas aqui formarão uma ponte entre o seu intelecto e a sua intuição.

Você poderá compreender cada passo, ir para dentro de si mesmo e fazer o trabalho em sua mente.

> Uma história de verdade toca não apenas a mente, mas também a imaginação e as profundezas inconscientes de uma pessoa, podendo permanecer com ela e adquirir qualquer nova habilidade global. A aprendizagem inicial é, quase sempre, uma luta, primeiro com cada componente da habilidade, depois com a suave integração dos componentes... Mais tarde, quase esquecemos ter passado por isso durante muitos anos, chegando à superfície da consciência agora e então criando novos *insights*.
> — Helen Luke, *The Inner story*

Em algumas delas, você precisará de alguém que as leia para você ou poderá gravá-las e ouvir a própria voz, para guiá-lo. A maioria contém perguntas que são sementes que germinarão enquanto você reflete a respeito da própria experiência.

Muitas delas foram criadas por mim. Outras foram aprendidas durante *workshops* e seminários dos quais participei como aluna. Se eu fosse citar o nome dos seus criadores, teria que dizer algo assim: "Aprendi isso num *workshop* com Jean, que aprendeu com Ilana, que aprendeu com Fritz, que [...]". Tentei fazer isso com o máximo de precisão, mas tenho certeza de haver omitido muitas fontes. Isso não aconteceu, de maneira alguma, por falta de respeito ou consideração pelos meus professores.

Desenvolvendo a mente de um principiante

Ao utilizar este livro, sinta-se livre para encontrar a forma de aprendizagem que funciona para você e siga-a. Talvez você queira apenas informações lineares e ache todo o resto "irrelevante". É. Siga a sua inclinação. Talvez ela possa dar à sua mente a segurança de que necessita para voltar mais tarde e aventurar-se pela aprendizagem empírica ou até mesmo passear pelas metáforas.

O essencial é assumir responsabilidade pela própria aprendizagem. Confie no seu jeito. Seja amigável com a sua mente e dê a ela o que ela necessita. Você precisa de toda a sua coragem para ser a pessoa que é, para realizar as suas possibilidades únicas e excepcionais. A maneira *como* você usará este livro irá ensiná-lo mais sobre o funcionamento da sua mente do que o conteúdo. Comece cometendo um erro intencional, evidente. Pode ser qualquer um. Deixe o livro cair. Aperte o meio do tubo de creme dental. Soletre uma palavra errado, intencionalmente.

A escola nos ensina a repetir os nossos erros. Aprendemos que eles são o equivalente a estar "errado". Quantas vezes você estava "errado" no teste de soletração? Quando ficamos adultos, nossa mente consciente continua fazendo a mesma coisa, provando que a escola está certa, mesmo que esteja certa no que se refere a provar como estamos errados.

> O fato de tão poucos ousarem ser excêntricos marca o principal perigo do nosso tempo.
> — John Stuart Mill

Se o cérebro humano não for instruído, ele *rejeitará* os erros e repetirá os sucessos. Um bebê aprendendo a chupar o dedo não fica insistindo em colocá-lo na orelha. Ele o coloca uma vez na orelha, outra no nariz, talvez uma terceira no olho. Mas, depois que o dedo encontra a boca, em minutos temos um comportamento neurológico adorável, natural.

Infelizmente, muitas vezes somos ensinados a agir de maneira sofisticada, a continuar iguais, fingindo ser espertos. Nós nos agarramos aos nossos hábitos, às maneiras conhecidas de ser, pelo menos tão intensamente quanto eles se agarram a nós. Por isso, em nossa cultura, uma das piores coisas é ser um principiante. A palavra desperta sentimentos de incompetência, mãos suadas, garganta seca. Entretanto, no Oriente, um principiante é elogiado pela sua curiosidade, respeitado pela sua vitalidade, bem recebido pelo frescor que pode trazer. Os principiantes garantem a flexibilidade das idéias, impedindo que elas "endureçam" como dogmas perigosos.

Lembro-me de ter lido uma entrevista com Wanda Landowska, que toca cravo melhor do que ninguém no mundo. Todos ficaram chocados ao saber que, aos 75 anos de idade, ela começara a ter aulas novamente, como uma principiante! Quando lhe perguntaram por quê, dizem que ela revirou os olhos e respondeu: "Ah!, as delícias e alegrias de ser novamente uma principiante! O frescor, a vitalidade de experimentar tudo pela primeira vez...".

Eu o estou convidando a correr o risco de pensar como Wanda. A tornar-se novamente um principiante na aprendizagem do instrumento da sua mente. A caminhar um pouco sobre a relva intocada em vez de arrastar-se pelos caminhos conhecidos que está usando há anos. Talvez você se perca, talvez tenha que espantar um enxame de abelhas, talvez não saiba para onde está indo, mas também poderá encontrar um espaço muito claro, um *self* que você conhecia muito bem, há muito, muito tempo.

> Deveria haver menos conversa. Um sermão não é uma reunião.
> — Madre Teresa

Prática:
Honrando sua sabedoria, descobrindo seu propósito

1. Pense numa época da sua vida em que você aprendeu bem alguma coisa *e* se divertiu durante o processo. "Passe um filme dessa época, em câmera lenta", na sua mente, repetindo-o

quantas vezes forem necessárias, até ficar consciente de como especificamente você aprendeu essa coisa. (Por exemplo: "Senti meu corpo começar a fazê-la, então vi um filme em *tecnicolor* na minha mente, preenchendo tudo e, então, disse a mim mesmo para começar".)

2. Pense numa época da sua vida em que foi muito difícil e frustrante aprender uma coisa. Reveja a cena, como você fez acima, para descobrir especificamente como o processo foi diferente.

3. Como você sabe quando aprendeu alguma coisa? Novamente, seja o mais específico possível. (Por exemplo: "Eu sei porque posso mostrar para qualquer pessoa" ou "Posso sentir em meu plexo solar" ou ...)

4. Por favor, esclareça o seu propósito: isto é, escreva-o, grave-o, conte para alguém, ou vá dar uma volta e sinta *o que você quer aprender como resultado da leitura deste livro.*

Você não é único, não é igual às outras pessoas

A educação pretende nos ajudar a perceber nossa individualidade. Ela deveria amadurecer o talento que já espera adormecido dentro de nós, invisível, inaudível, intocado.

Agora, você e eu somos responsáveis pela nossa educação — nunca é tarde para aprender. Conhecer o seu padrão de pensamento pessoal e saber como usá-lo é como descobrir de que maneira usar um arco para tocar violino. Mas, quando encontrar o seu padrão nas páginas seguintes, lembre-se de que eles não são compartimentos concretos ou definições de quem você é. Dentro de cada pessoa existem variações de cultura e sexo. As pessoas ruivas não têm realmente a mesma cor de cabelo. Dois violinos têm variações no som que produzem. Minha esperança é de que o material que você vai encontrar aqui possa dar apoio àquilo que você pensa da sua mente, como uma porta; não, como milhares de portas abrindo-se para além das limitações da sua história anterior, para que você seja cada vez mais quem realmente é, aproximando-se cada vez mais da sua verdadeira inteligência natural.

> A questão não é saber se iremos morrer, mas como iremos viver.
> — Joan Borysenko, Ph.D. *Guilt is the teacher, love is the lesson*

2

Tornando-se inteligente a respeito da sua inteligência

Tudo bem ter uma mente aberta,
mas ela não deve ser tão aberta a ponto
de não manter nada dentro ou fora dela.
Ela deve ser capaz de fechar as suas portas
algumas vezes, ou poderá ficar ventilada demais.

Samuel Butler

Há diferentes tipos de inteligência, muitos talentos naturais que se combinam de maneiras únicas para caracterizar o padrão de pensamento de cada mente. O que iremos descobrir neste capítulo — os diversos estados de pensamento, a maneira como o pensamento é metabolizado no cérebro para organizar, classificar e gerar novas idéias a partir da sua experiência — é o primeiro passo para tornar-se inteligente a respeito das suas diferentes inteligências.

Essa manhã, enquanto eu esperava atrás de uma *van* vermelha no posto de gasolina, por mais que eu tentasse prestar atenção em outra coisa, tudo o que conseguia escutar era a conversa entre uma mulher que estava debruçada na janela e seu marido, um homem encurvado que estava enchendo o tanque. O tom metálico da voz da mulher vibrava em meu crânio. "Como você pode pensar isso? O que há de errado com você? Você é louco, preguiçoso ou o quê? Fale comigo, Herman! Não fique em silêncio como sempre, Herman, fale comigo!"

Por mais irritante que ela fosse às sete horas da manhã, essa mulher estava agindo de acordo com um dos equívocos mais comuns em nossa cultura — a suposição de que a mente do marido deveria funcionar como a dela e de que, na verdade, todas as mentes deveriam funcionar da mesma maneira. Quando a evidência prova o contrário, como acontecia com Herman, acusamos o outro de estar "errado" — de ser estúpido, lento, louco, incompetente, desorganizado, incapaz, teimoso, tímido ou esquisito.

> noventa e cinco por cento daquilo que sabemos a respeito de como pensamos, isto é, virtualmente, toda a atual informação sobre as funções químicas, fisiológicas e psicológicas do cérebro surgiram nos últimos 10-15 anos.
> — Henriette Ann Klauser. *Writing on both sides of the brain*

A pressuposição de que todos utilizamos o cérebro da mesma maneira para pensar nos faz avaliar incorretamente as nossas capacidades intrínsecas, provocando o rompimento de relacionamentos. Quando algumas pessoas aprendem com facilidade e outros não, dizemos que isso acontece porque algumas são inteligentes e outras não, algumas são criativas, articuladas, lógicas, e outras não. Muitos de nós fomos afastados de nossa verdade natural porque não fomos ensinados a escutar ou a falar sua língua.

Na verdade, a mente é como os instrumentos de uma orquestra. Imagine como seriam as coisas se presumíssemos que apenas um instrumento pode tocar música. Na realidade, existem muitos instrumentos diferentes e cada um toca de maneira diferente. Essa abordagem dos diferentes padrões de inteligência natural separa os instrumentos de corda dos de sopro, as gaitas dos tambores. Eles não são tocados da mesma maneira. Se você souber qual é o seu tipo de instrumento, saberá se deve levá-lo aos lábios ou utilizar um arco. Lembre-se, entretanto, de que cada tambor, cada flauta tem um som próprio. Os seis padrões pessoais de pensamento apresentados neste livro pretendem ajudá-lo a descobrir o tipo de instrumento que a sua mente utiliza, para que você possa tocar a música que deseja, como ela deve ser tocada.

Depois de compreender e honrar as maneiras únicas por meio das quais funciona a nossa mente, os talentos específicos de cada instrumento serão revelados e a harmonia que pode haver entre nós torna-se visível. Cada pessoa possui um padrão particular — uma inteligência natural —, a sua maneira de receber informação, armazená-la, gerá-la e expressá-la. Saber como acessar o padrão específico de sua mente pode ser tão útil quanto saber o número da sua senha para utilizar o caixa eletrônico do banco ou ter a chave do seu cofre de segurança. Como você poderá usar todos os recursos que realmente tem se não souber como recuperá-los?

A mulher na *van* vermelha não está sozinha. Percebi que muitos equívocos, brigas e problemas de aprendizagem e comunicação são provocados pelo desconhecimento do padrão que determinada mente utiliza para pensar. Quando alguma coisa funciona bem, presumimos que isso acontece devido a alguma força externa mágica, como a sorte. Quando não dá certo, nunca nos ocorre pensar que podemos simplesmente estar utilizando a técnica errada: tentando soprar um violino ou dedilhar uma flauta. Achamos que só é preciso soprar mais rápido, dedilhar com mais força.

Gostaria de apresentar algumas pessoas que me procuraram com problemas comuns, resultado desses equívocos e da falta de informação.

Sally está fora de si de tanta frustração. Ela cruza e descruza as pernas e afofa os cabelos com permanente. Ela leva um lenço imaculado ao nariz. Seu filho de sete anos, Richard, está correndo pela sala, jogando uma bola no aro preso à porta. Sally o acompanha com os olhos, cautelosa, esperando. Sua voz é anasalada, quase chorosa e o ritmo de suas palavras é tão rápido quanto o do tênis vermelho de Richard.

"Preciso lhe dizer, ele foi testado e o psicólogo da escola insiste em afirmar que ele é hiperativo e rebelde. Eles dizem que ele precisa

> Nossa mente cria categorias — espaço e tempo, acima e abaixo, dentro e fora, eu e os outros, causa e efeito, nascimento e morte, um e muitos — e coloca todos os fenômenos físicos e psicológicos em categorias como essas, antes de examiná-los e tentar descobrir a sua verdadeira natureza. É como encher de água muitas garrafas de diferentes formas e tamanhos para descobrir o seu tamanho e a sua forma.
>
> — Thich Nhat Hanh, *The sun my heart*

tomar remédios. Ele não se comporta. Estou tão frustrada que não sei mais o que fazer. Li alguns estudos na revista de enfermagem e lá está escrito que as drogas podem ter efeitos colaterais, mas a escola não recomendaria nada que pudesse lhe fazer mal, não é verdade? Ele precisa aprender a prestar atenção. Quando tento conversar com ele, envolvê-lo em qualquer conversa, ele apenas fica surdo e mudo.

Desisto! Na semana passada fomos dar uma volta no parque e ele ficou realmente violento. Pegou um galho e começou a bater numa linda árvore.

O pai dele e eu temos custódia conjunta, mas não conversamos. Ele dirige um caminhão. Acredito que, a não ser que tomemos uma providência imediata, Richard ficará... igualzinho a ele."

> Vivemos numa época de Grande Crise Social. Nossas crianças ocupam o último lugar em leitura, escrita e aritmética, entre dezenove nações industrializadas.
> — John Gatto, "Professor do ano" da cidade de Nova York

* * *

Jim e Susan têm-se consultado com diversos terapeutas durante os últimos dois anos. Eles já haviam sido casados e vivem com três filhos. As pessoas os descrevem como o casal ideal, mas eles começaram a falar em divórcio. Ele é um gênio na computação, se veste confortavelmente e tem marcas profundas de desespero no rosto. Susan, apesar de estar vestida com elegância, arrasta-se pela sala como uma criatura que roeu as próprias pernas. Seus olhos refletem o tipo de beleza triste, prostrada, sobre a qual lemos em romances góticos.

"Ela é frígida. Eu sei que não deveria falar sobre isso, mas é verdade. Obviamente, ela não sente mais nada por mim. Ela é uma pedra de gelo. Nunca quer *fazer* nada. Nós costumávamos acampar bastante. Mas, agora, ela está muito cansada. Toda noite, quando volto para casa do trabalho, ela tem uma lista de coisas para eu fazer. Nenhum abraço, nenhum carinho. Eu daria tudo para que ela me abraçasse ou massageasse os meus pés. Não precisa ser sexo o tempo todo, mas não seria mal fazer sexo de vez em quando, sabe? Eu só preciso de um pouco de calor."

"*Ele* é quem não sente mais atração por mim. Olhe para ele — está escrito em seu rosto. Toda noite ele adormece na frente da televisão. O romance acabou. Acho que somos incompatíveis ou algo parecido. Eu tentei lhe fazer uma massagem, mas ele fica imediatamente excitado. Talvez eu não sinta mais nada por ele. Eu não sei o que sinto. Só não vejo nenhuma saída. Para onde eu olho, só enxergo becos sem saída!"

* * *

Matt é treinador de beisebol numa escola secundária. A maioria dos alunos com algum problema o procura para receber conselhos ou apenas para conversar. Ele é um homem alto e atraente, que se movimenta como se tivesse rodinhas nos pés. Há anos, fala que vai fazer pós-graduação para ser orientador, mas é só isso que ele faz — falar.

"As pessoas vivem me dizendo para prestar os exames e voltar à escola, mas elas não entendem... eu não posso fazer os exames escritos, eu congelo e minha mente apaga. Então, entro em pânico. Como poderia fazer pós-graduação, se não consigo fazer um exame escrito? Pergunte-me o que sei e falarei durante horas, mas quando preciso escrever, me dá um branco. É como se eu roubasse coisas com os meus olhos e então perdesse o que acabei de roubar. Fico aborrecido com o meu trabalho mas, provavelmente, é o que farei pelo resto da vida, porque não consigo ter sucesso num mundo de palavras escritas."

> No futuro, eles não me perguntarão: "Por que você não foi Moisés?" Eles me perguntarão: "Por que você não foi Zusya?"
> — Zusya

* * *

Joyce é estudante de medicina, doutora em biologia. Criada por uma família extremamente pobre da Carolina do Sul, carrega nos ombros todas as suas esperanças para o futuro. É uma mulher vigorosa, ligada ao seu corpo da mesma maneira que uma cidade está ligada ao seu suprimento de energia elétrica. Ela hesita, gagueja constantemente, tropeça nas palavras, os olhos buscando os cantos da sala como se estivesse procurando uma aranha para examinar.

"Não entendo. Trabalhei duro, mas a faculdade e a pós-graduação foram fáceis para mim. Sempre adorei física, química e biologia, sempre fui realmente boa nisso. Decidi ser médica para que os meus pais se orgulhassem de mim. Sou a única pessoa da família que fez faculdade. Quero dar alguma coisa de volta para a minha gente.

Sinto-me como se estivesse *destinada* a ser médica. Talvez eu seja pouco sensível de vez em quando, mas, bem lá dentro, me preocupo. Sinto pelas pessoas que sofrem e quero ajudá-las. Nunca esperei ter problemas na faculdade de medicina. Eu não sei o que há de errado comigo. Sento-me naquelas enormes salas e me dá um branco. Fico entorpecida ou algo parecido. Depois das aulas, temos seminários para discussão e fico congelada, não consigo dizer uma palavra. Não me ocorre nada. Sinto vontade de morrer. Se isso continuar, vou acabar sendo expulsa. O reitor me chamou e disse que não tem certeza se tenho os requisitos necessários. Eu também não tenho certeza. Ultimamente, sinto-me como se estivesse me matando. Você sabe que não é fácil ser uma mulher negra na faculdade de medicina, e eu não estou conseguindo."

* * *

Cada uma dessas pessoas achava que havia algo de errado com elas. Todas me procuraram esperando tratar, consertar ou mudar o que havia de errado com elas. Algumas vezes, acho que é sorte a medicina ainda não ter conseguido fazer transplantes de cérebro, pois nessa época de "Tudo Disponível", a maioria delas teria trocado o seu equipamento original por novos lobos esquerdos frontais!

Nunca tente ensinar um porco a cantar. Você perderá tempo e aborrecerá o porco.
— Fonte desconhecida

Em vez disso, ensinei-as a usar o equipamento que tinham, da maneira como ele deveria trabalhar. O cérebro de cada uma delas adquiriu experiência e transformou-se num padrão único; as dificuldades que elas relatavam eram principalmente o resultado da falta de compreensão sobre a maneira de usar a sua mente com eficácia. Voltaremos a falar dessas pessoas em breve, mas, primeiro, falaremos de você e de como o pensamento é sintetizado em seu cérebro.

Metabolismo mental

Por mais que a senhora "Pó de giz" possa ter tentado aquietar sua mente, na verdade, a mente de qualquer ser humano não pára; ao contrário, ela entra e sai de diferentes estados de consciência, seguindo suas marés e seus ritmos. Se alguma vez você já tentou "prestar atenção" em uma coisa durante um longo período (fazendo o imposto de renda, por exemplo, ou dirigindo tarde da noite numa auto-estrada), já teve a oportunidade de perceber que os pensamentos nem sempre obedecem ao seu comando.

Enquanto escrevo esta página, por exemplo, minha atenção aumenta e diminui, como um rádio de ondas curtas. Com os pensamentos vagando, fico consciente do meu tornozelo esquerdo esfregando meu calcanhar direito. Então, sinto nuvens em minha mente e perco a consciência do momento. Estou pensando em... não sei bem no que estou pensando ou mesmo se estou pensando. Agora, estou ouvindo o ruído das teclas do meu computador e o telefone tocando lá embaixo, na cozinha. As pequenas letras negras entram em foco, à medida que aparecem na tela. Meus pensamentos estão claros, alertas, atentos novamente.

É evidente que a minha mente decidiu começar a lhe ensinar esse sistema, demonstrando os diferentes estados de consciência enquanto os meus dedos dançam sobre as teclas de plástico cinza, procurando descrevê-los. Provavelmente, se eu estivesse ligada a um aparelho de eletroencefalograma, ele mostraria as minhas ondas cerebrais mudando de ondas beta para ondas alfa, para ondas teta e, então, de novo, enquanto mudo o rumo dos meus pensamentos — de focalizado a receptivo, a enlevado, voltando ao focalizado. A maior parte das pessoas refere-se a esses estados simplesmente como prestar atenção, estar com a mente vagando e "viajar".

Até onde sabemos, a mente desperta opera em três níveis ou estados de pensamento, comumente chamados de consciente, subconsciente e inconsciente. Para tornar visível o fluxo do pensamento por meio desses três estados, seguiremos a lógica de uma espiral (veja o diagrama da p. 35).

Começando pelo ponto central, você está consciente de um pensamento, atento, focalizado, concentrado, linear e direcionado aos detalhes. O cérebro está produzindo principalmente ondas beta.

> Como diversos cientistas observaram, as pesquisas sobre o cérebro humano são difíceis porque o cérebro está lutando para compreender a si mesmo... A partir do trabalho de Roger Sperry, a existência de dois modos cognitivos diferente no cérebro não é mais polêmica [...] Estudos na Cal Tech indicam que cada modo de pensamento, cada hemisfério, recebe a realidade de maneira diferente... Os cientistas ainda estão tentando descobrir onde os diferentes modos de pensamento estão realmente localizados no cérebro humano e como a sua organização varia de indivíduo para indivíduo.
>
> — Betty Edwards, *Drawing on the right side of the brain*

Para transformar o mundo devemos começar por nós mesmos; e o mais importante é começar com o propósito. A intenção deve ser a de nos compreendermos e não deixar que os outros transformem a si mesmos...
— J. Krishnamurti, *The first and last freedom*

À medida que você relaxa, enquanto o pensamento começa a ser sintetizado, classificado, a atenção torna-se mais difusa; a espiral abre-se para aquilo que chamamos de nível subconsciente. É aqui que você pode ficar confuso, perplexo ou desorientado; seu cérebro gera mais ondas alfa.

Enquanto o pensamento torna-se integrado, organizado, armazenado, transformado em novos padrões inconscientes, a atenção torna-se extremamente difusa. Agora, a espiral está completamente aberta, ampla, expandida e você está "perdido em pensamentos". Nesse berço da consciência mais profunda, o cérebro está gerando mais ondas teta. Como um feixe de luz, a atenção abrange uma área mais ampla de possibilidades, tornando-se cada vez mais difusa enquanto a mente se abre para expandir a consciência. Você está cada vez mais receptivo e pode acessar os aspectos teta mais inovadores e produtivos da sua capacidade mental.

Resumindo, enquanto o pensamento se movimenta pela espiral, ficando cada vez mais amplo, ele se torna cada vez mais simbólico, receptivo, intuitivo, sensível, particular e íntimo. E nós temos cada vez menos consciência dele e somos menos capazes de nos concentrar numa coisa. Quando a comunicação ocorre a partir do local mais largo da espiral, ela pode ser inspirada, rica em imagens mentais, mas também pode ser confusa para os outros ou muito circular e abstrata, sem os detalhes que lhe dão coerência.

Quando você quer realizar tarefas lineares, concentrar-se numa só coisa (como fazer contas para saber o seu saldo bancário) ou tomar uma decisão, você condensa sua atenção, passando pelo estado alfa — a ponte entre os mundos interior e exterior — até o ponto do raio laser de maior foco (beta), o "ponto" consciente da sua mente. Aqui, ela é mais facilmente expressa e pode ser rapidamente recuperada ou lembrada. Aqui, tendemos a ser mais confiantes, mas também mais críticos e lineares.

Expandindo, contraindo, expandindo, contraindo, a mente funciona como os pulmões ou o coração; ampliando, enquanto se abre para digerir e criar novos padrões na mente inconsciente, contraindo, enquanto se concentra para expressá-los com a mente consciente.

Entrando na água

Uma das expressões favoritas de Milton Erickson era: "Você não pode aprender a nadar tocando piano". Enquanto continuamos a explorar as diferentes funções dos estados mentais, chegou a hora de entrar na água — de mergulhar e experimentar cada um deles. Assim, você terá um ponto de referência pessoal e a compreensão celular da água na qual está nadando.

> Há um tempo para a expansão e um tempo para a contração; uma provoca a outra e a outra exige a volta da primeira.
> — Swami Vivekananda

As muitas maneiras de saber: o estado consciente

Comece "prestando atenção", como você é habitualmente. Observe exatamente o que você precisa fazer. Algumas pessoas abrem bem os olhos, observando cada detalhe; algumas sentam-se eretas, mudando a postura física, outras escutam com mais atenção. Provavelmente, você tem o próprio conjunto de ajustes automáticos. Por favor, deixe o livro de lado e perceba o que você faz para prestar atenção dessa maneira.

Você acabou de experimentar o estado mental que a maioria das pessoas utiliza para pensar de forma linear, lógica, racional, "razoável" ou, como algumas pessoas dizem, com o lado esquerdo do cérebro. Eu a chamo de "mente de mão única", porque nesse estado a tendência é termos certeza de que só há uma maneira de pensar em alguma coisa e gostamos de ir direto ao ponto. É aqui que nos sentimos mais à vontade e mais competentes para receber informações e nos expressar em público, e também quando nos distraímos menos.

Quando o cérebro produz principalmente ondas beta, ficamos mais alertas e menos receptivos. Dizemos que "lembramos". Esse estado mental é o lar das coisas testadas e aprovadas, porque adora hábitos, rotinas, regras, detalhes e coisas metódicas que se comportam como o esperado. O seu objetivo é a separação e a discriminação. Portanto, tudo fica dividido em unidades materializadas.

É aqui que os padrões são memorizados; depois de se tornarem familiares, eles são utilizados para tomar decisões em situações pouco familiares. Ao encontrar um objeto desconhecido na rua, ouvir um som estranho à noite ou cheirar algo irreconhecível, a mente utilizará o modo consciente para identificar o que é aquilo e por que está lá. É isso o que nos impede de continuar colocando a mão no fogo e elimina a necessidade de experimentar cada novo perigo antes de evitá-lo.

> A educação consiste principalmente daquilo que desaprendemos.
> — Mark Twain

Aqui, as possibilidades são eliminadas. A palavra "decidir" significa eliminar ou extinguir todas as possibilidades, com exceção de uma. Por exemplo, se escuto um som à noite que não me é familiar, não da maneira como acho que as coisas devem soar, fico muito alerta e minha mente consciente faz o seu trabalho de separar aquele som de todos os outros da casa, até eu poder identificá-lo: "Ah, sim, é a nova geladeira fazendo cubos de gelo". Se não pudéssemos pensar desse modo, o mundo se transformaria num redemoinho caótico.

Fomos ensinados a pensar que, se não estivermos nesse estado, não estaremos aprendendo. Na verdade, esse é apenas o primeiro estágio no processo. Aqui, acumulamos informações para curto prazo, mas não "aprendemos" necessariamente. Certa ocasião, estudei furiosamente para uma prova de geologia e tirei nota "A". No dia seguinte, caminhando pelo Central Park, uma amiga me perguntou se determinada pedra era ígnea ou metamórfica e eu não tinha a menor idéia. A informação entrara por um ouvido e saíra pelo outro.

A mente consciente é como a boca da mente, recebendo informações e mastigando-as, porém, sem engoli-las ou digeri-las. Se você pensa em sua mente como uma biblioteca de informações, então o modo consciente seria a ficha de arquivo. Ela pode ajudá-lo a encontrar um livro e ter informações a seu respeito, mas, para saber o que ele tem a lhe oferecer, você ainda precisa tirá-lo da prateleira. A mente beta gosta e precisa de ordem e reage bem às atividades estruturadas.

Aqui, é onde ficamos mais ativamente envolvidos com o mundo externo, estabelecemos metas e ficamos produtivos. A década de 1980 foi desse estado de consciência, uma vez que, para competir e ter sucesso, era necessário esse tipo de pensamento preciso, rápido. Meu pai foi o meu primeiro professor desse estado, incentivando-me a me esforçar para "subir a escada do sucesso. Esse é um mundo implacável. Você precisa lutar para ter sucesso". Essa é a mentalidade comum.

Há um outro lado nessa forma de pensamento. Em primeiro lugar, ele não lida bem com mudanças. A mente consciente adora estabilidade e fará o que for preciso para obtê-la. Num relacionamento, a pessoa que estiver fazendo mudanças a partir desse lugar procurará usar a técnica do beijo-e-maquilagem, enquanto uma organização buscará uma solução rápida. Devido à sua obsessão pelos

> É melhor dar e receber.
> — Bernard Gunther

padrões familiares e a repetição das coisas conhecidas, bem como pela dificuldade para rejeitá-los depois de estabelecidos, a mente consciente desempenha um importante papel nos vícios, que é um comportamento familiar repetido e progressivo.

A maioria das nossas crenças e autoconceitos mora aqui e pode transformar-se em dogmas rígidos, calcificados. É a parte da mente mais difícil de modificar. Você conhece alguém lindo ou brilhante, mas que se julga um pateta medíocre? Você já tentou fazê-lo mudar de idéia? Como um ditador, a mente consciente quer controlar tudo. Ela se envolve com o significado das coisas e quer provar que está

CERTA! O seu vocabulário preferido é: "Eu acho", "Eu decidi", "Eu sei", "Em minha opinião," "O que eu quero dizer é...".

Assim, concentrar-se de forma focalizada e alerta é muito útil para fazer o cálculo do seu imposto de renda, consertar alguma coisa quebrada ou obter aumentos e promoções. Mas, abrir a mente para o pensamento alfa e teta é mais eficaz quando você deseja criar ou relacionar-se, curar ou compreender a totalidade de um sistema.

As muitas maneiras de saber: o estado subconsciente

Vamos mudar de estado mental e nos expandir mais um pouco. Pense numa época em que você dividiu a sua consciência, pensando num dos lados de um problema e depois no outro, indo e voltando entre as duas opções. "Por um lado... mas por outro...". Para fazer isso, você terá de ficar confuso ou perplexo e "viajar" um pouco. Deixe o pensamento ficar um pouco impreciso, como se não conseguisse tomar uma decisão a respeito de alguma coisa. Talvez você comece a refletir ou a sonhar acordado, deixando a mente vagar. Você pode se sentir presente, mas como se já tivesse ido embora, como se a sua consciência fosse interna e externa ao mesmo tempo.

Ao pensar nessa experiência, observe o que você precisa fazer para pensar nesse estado. Algumas pessoas, por exemplo, precisam olhar fixo ou focalizar os olhos, outras precisam "cantarolar" em sua mente ou pronunciar repetidamente determinadas palavras. Outras, ainda, precisam apenas prestar atenção na respiração e relaxar o corpo. Qual a sua maneira? Como você entra nesse modo de pensamento? Observe como você se sente nesse estado de consciência.

Isso também **é** pensar, não importa o que a senhora "Bitolada" tenha dito na quinta série. Na verdade, quando você se permite ficar confortavelmente perplexo, poderá descobrir que a sua "confusão" mudou totalmente e transformou-se em curiosidade.

Nessa era binária, a tendência é descrever os seres humanos como possuidores de dois estilos de raciocíno: o racional ("cérebro esquerdo") e o criativo ("cérebro direito"). Entretanto, os meus estudos no doutorado de hipnoterapia, bem como pesquisas recentes sobre meditação e artes marciais, indicam que existe um terceiro estilo. Você poderia pensar nele como a mudança para o ponto morto, parando e separando o que é o *self* e o que é o outro, o que será mantido e o que será descartado.

O estado intermediário é aquele no qual o cérebro está produzindo mais ondas alfa, a porta giratória da mente, em que é separada a enorme sucessão de informações que recebemos do mundo externo. É um modo transitório de pensamento (transitório), pois aqui o cérebro está metabolizando informações e explorando opções. É um estado mental envolvido pela experiência e que resiste ao excesso de estrutura externa. É o pensamento em dualidades, um modo de duas mãos: "Ou faço isso ou aquilo; ou o seu lado da história está errado ou o dela; ou vejo dessa maneira ou daquela".

> ... na planta há uma camada — algumas vezes do tamanho de uma célula — entre o tecido da raiz e o broto. É uma passagem entre a terra e o sol... Os dois reinos são um *continuum* orgânico respirando.
> — M.C. Richards.
> *The crossing point*

É como se fosse o estômago da mente revolvendo as coisas, decidindo qual delas será digerida e de que maneira. No caso da nova geladeira, eu poderia ouvi-la durante algum tempo e decidir se queria continuar ouvindo aquele barulho ou se me levantava e fechava a porta do meu quarto. Como ele liga as mentes consciente e inconsciente, esse modo transitório de pensamento pode perceber os detalhes de alguma coisa, bem como sua totalidade.

Na verdade, ele é vital para a tomada de decisões e para a criação de imagens, pois é a ponte entre os mundos interior e exterior. Sem ele, engoliríamos tudo sem mastigar, jamais considerando se uma coisa é certa ou não para nós. Sabendo disso, fica mais fácil nos expandir quando estamos "confusos", dando ao cérebro o tempo de que ele precisa para cruzar confortavelmente essa ponte. O subconsciente funciona como um limiar, no qual a inspiração e a sabedoria são destiladas antes de serem expressas. É um território *tanto* público *quanto* privado, receptivo e ativo, entre as mentes interna e externa, onde somos motivados a agir e levados ao relaxamento.

Aqui, o estranho torna-se familiar e o familiar torna-se estranho. Nosso sistema está tentando integrar, avaliar, examinar, filtrar, descansar e reter. Ele está tentando ajudá-lo a descobrir o que *você* pensa, enquanto pesa as suas necessidades e as dos outros. É isso o que determina se você está sendo dominado ou se está no controle.

A primeira professora de minha mente subconsciente foi minha mãe. Ela sempre pesava os dois lados de qualquer decisão, com medo de cometer um erro: "Bem, você poderia usar o vestido vermelho,

A alma deveria ficar sempre entreaberta. Pronta para receber a experiência estática.
— Emily Dickinson

mas ele é um pouco espalhafatoso. Por outro lado, poderia usar o azul, mas ele é muito comum". Como a maioria de nós aprendeu na escola que esse modo de pensar significa que não sabemos o que deveríamos saber, desenvolvemos o hábito, como minha mãe, de ficar encolhidos nele e, se permanecemos lá por qualquer período, ficamos irritados e pouco à vontade. Em geral, quando as pessoas sentem-se pressionadas, elas param aqui, achando que precisam voltar imediatamente para a mente consciente.

Nesse estado, as mudanças são realmente efetuadas quando nos permitimos parar e refletir, não decidindo nada até a informação estar separada e totalmente digerida, assumindo a atitude de "vamos esperar para ver". Dar-nos um tempo para permanecer aqui, esperar e não saber, é crucial para a cura e, com freqüência, desconfortável, até nos acostumarmos.

Embora esse modo de pensamento possa parecer não produzir as idéias ou ações mais significativas, a vida inteira de uma pessoa gira em torno dessa passagem. O vocabulário mais comum desse modo é: "Hummm...", "Espere um minuto...", "Não, obrigado", "Eu não estou pronto para decidir isso agora". "Parece-me que *ambos* estão certos", "Eu passo". "Eu preciso de espaço."

As muitas maneiras de saber: o estado inconsciente

Para explorar o pensamento teta, lembre-se de uma época em que você realmente "viajou" e ficou perdido em pensamentos. Talvez dirigindo na estrada à noite, quando estava na saída 15 e, de repente, percebeu que estava na saída 19? O que acontecera com as saídas 16, 17 e 18? Quem era aquela pessoa mascarada dirigindo o seu carro?

Essa é a hora de fazer um rápido (ou longo) descanso mental. Os pensamentos ficam mais amplos e receptivos ou, para algumas pessoas, muito profundos. Aqui não há necessidade de controlar nada, de ser nada, de fazer ou de não saber nada. Essa é uma forma muito particular e, com freqüência, tranqüila, de saber. Algumas pessoas afirmam que é como flutuar. Algumas fecham os olhos. Outras, apenas escutam o silêncio ou balançam para trás e para a frente. Qual é a sua maneira única de entrar nesse estado mental? Deixe o livro de lado após ler este parágrafo e deixe a mente perambular por onde ela quiser durante alguns minutos, como ela faz quando você está ouvindo um discurto aborrecido ou está sozinho no teatro, esperando o espetáculo começar. Depois de descansar aqui por alguns minutos, observe o que você precisa fazer para focalizar a atenção e voltar novamente ao momento presente.

O estado mental que você acabou de experimentar, no qual o cérebro está produzindo principalmente ondas teta, com freqüência é chamado de lado direito do cérebro ou de estado de meditação. A mente inconsciente (que eu realmente acho que deveria ter outro nome, mais grandioso, como o Transconsciente) não é mais visível na vida cotidiana do que o crescimento de uma árvore num dia escuro de inverno. Em geral, esse modo pode não parecer "desperto", mas está muito vivo, funcionando como uma fonte e um guia, como o cerne daquela árvore.

As escolas fortalecem o pensamento linear beta, à custa da intuição e da inspiração. Nossa cultura valoriza o pensamento verbal, mais do que o nãoverbal. Assim, aprendemos, a temer e a considerar irrelevante a nossa fonte e guia, a ser supersticiosos com relação à mente inconsciente. Para reivindicá-la, precisamos desistir da nossa crença de que o pensamento linear é superior ou mais valioso. A casca não é mais valiosa do que o cerne.

Esse estado expansivo da mente, em que a curiosidade se torna espanto, admiração ou surpresa, com freqüência é o mais difícil de ser acessado e, para muitas pessoas, é aquele no qual elas se sentem mais tímidas, constrangidas ou vulneráveis. Isso acontece porque aprendemos que pensar dessa maneira é perder tempo. Em nossa cultura, espera-se que as pessoas ajam ou reajam o máximo possível. Ninguém obtém boas notas ou promoções pensando dessa maneira. Se alguém está ocupado "fazendo"

Lembramo-nos rapidamente da totalidade, porque não precisamos ir longe para vê-la. Ela está sempre dentro de nós, muitas vezes como uma vaga sensação ou lembrança deixada de lado quando éramos crianças. Mas ela é uma lembrança profundamente familiar, que reconhecemos imediatamente, assim que a sentimos novamente, como voltar para casa depois de ter partido há muito tempo. Quando estamos absortos sem estarmos centrados, é como estar longe de casa. E quando nos reconectamos a nós mesmos, mesmo por alguns minutos, sabemos imediatamente. Nós nos sentimos como se estivéssemos em casa, independente de onde estivermos e dos problemas que enfrentamos.
Jon Kabbat-Zinn,
— Ph.D., *Full catastrophe living*

Não importa quem o meu pai era; importa quem eu me lembro que ele era.

Anne Sexton

alguma coisa, aprendemos a não interromper. Mas, no Oriente, onde a reflexão é valorizada, ninguém interromperia alguém que estivesse sentado tranqüilamente em contemplação!

Provavelmente, você aprendeu a pedir desculpas por pensar assim na escola, por "sonhar acordado" e por não prestar atenção no professor. Na verdade, nesse estado, o cérebro estava processando aquilo que você estava aprendendo, procurando descobrir internamente como a nova informação se encaixa naquilo que você já havia experimentado, criando novos padrões a partir daí, armazenando informações para o longo prazo e sonhando com novas possibilidades para o futuro. Aqui você pensa em como as coisas poderiam ser.

No modo teta, o cérebro pensa de muitas maneiras ao mesmo tempo, como se fosse uma rede, criando e transportando mensagens indiretamente, por meio de sonhos, símbolos e imagens mentais. Uma vez que ele pode pensar em tantas direções simultaneamente, esse modo permite que fiquemos alerta às contradições que os desafios apresentam. Ele procura o padrão que revelará a totalidade de alguma coisa, a floresta, em lugar das árvores. No agora já famoso caso da geladeira, a mente inconsciente poderia incorporar o som à totalidade da noite, fazendo-nos sonhar que estamos numa tempestade de granizo.

Penso nesse estado mais receptivo como o túmulo, o tear e o útero, pois todas as nossas experiências de vida estão armazenadas aqui, sendo constantemente tecidas em padrões sempre mutáveis com as nossas novas experiências e semeando a nossa criatividade com sonhos de possibilidades ilimitadas. Como esse é o modo mais capaz de compreender a totalidade de alguma coisa, a imagem maior, a paisagem mais ampla, ele também é o local de profunda ligação espiritual e cura, daquela indefinível voz interior, ou *insight*, ou intuição.

Metaforicamente falando (que é o que faz mais sentido nesse modo de pensamento), a mente inconsciente é o navegador, as pilhas de livros da biblioteca, o fundo do oceano, onde todas as experiências se acumulam, são armazenadas e mudam de forma. Se o modo consciente é aquele com o qual você é poderoso pela expansão ativa da sua influência, o inconsciente é aquele com o qual você é poderoso por *ser* influenciado. O primeiro percebe os detalhes: "Aquela árvore é um pinheiro". O segundo percebe o todo: "Estou cercado por uma floresta de seiva verde murmurante e doce...". O modo beta separa e classifica, o teta associa e une. A mente inconsciente quer liberdade, independência e nenhuma estrutura externa.

> Toda criança é um artista. O problema é como continuar artista depois de crescer.
> — Pablo Picasso

É dessa consciência particular que acompanhamos e nos tornamos o Michael Jordan quando ele pula, o violino numa sonata de Mozart, a tia Agatha quando ela chora. É aí que mora o nosso *self* menos acessível, menos controlável, menos perceptível, que está sempre trabalhando a nosso favor.

O pensamento teta está continuamente buscando, pesquisando, imaginando, experimentando. Ele está interessado na função e na abordagem, em vez de no significado; ele está preocupado com o processo, não com o resultado. Ele também é o lugar onde surgem as necessidades, incluindo a de ser olhado, ouvido e tocado. Para esse modo, a solução de problemas é irrelevante, embora possa diferenciar o padrão no problema de maneiras novas e diferentes, sempre encontrando a possibilidade de ligação.

Essa não é a maneira de pensar no exército. Colocada atrás de uma arma, essa mente automaticamente torna-se o alvo: "Sei que devo atirar nesse sujeito, mas ele é tão jovem. Provavelmente, como eu, ele tem filhos em casa. E uma esposa de cabelos castanhos como os de Alice". Ela faz associações, ligando uma coisa do presente a uma experiência da sua história: "O som daquela bomba me faz lembrar dos morteiros no Vietnã". É a mente do seu coração, que cura, que é compassiva, solidária: "Faça amor, não a guerra"; "Juntese ao universo".

Minha avó, que ajudou centenas de bebês a nascer e presenciou a morte de número igual de pessoas, foi a minha professora dessa mente. Ela me ensinou indiretamente, por meio de histórias, rituais simbólicos e cerimônias, como as coisas estavam interligadas.

Esse modo de pensamento dedica-se à compreensão de como as coisas estão ligadas. Ele funciona como um caleidoscópio, recombinando as partes para criar novas imagens e símbolos. Estou pensando em Thomas Edison, que descobriu um solvente para a borracha colocando pedacinhos dela em toda solução que encontrava, enquanto todos os outros cientistas estavam abordando o problema teoricamente.

Para a mente inconsciente, a mudança *é do* sistema, não apenas *para* ele. Quando a mudança ocorre a partir dela, você passa a ser um não-fumante em vez de trocar a marca de cigarro. Você faz terapia para estudar o processo de como está ou não se relacionando com o seu parceiro. A sua firma decide verificar como a informação está sendo transmitida na empresa, em vez de demitir o operador de computador. O governo faz um exame profundo do seu sistema financeiro em vez de criar uma nova loteria.

Contudo, esse modo de pensamento não pode estabelecer fronteiras, diferenciar ou discriminar. Ele é uma selva, mística e criativa. "Que tal desse jeito, mas, talvez, se fizéssemos assim...". Ele nunca está satisfeito, porque não tem um destino específico. Para o oeste, para qualquer lugar!

É aqui que ficaremos perdidos quando "perdermos o contato com a realidade". É também onde experimentaremos os fenômenos transcendentais. É assim que nós, seres humanos, aceitamos as perdas e as alegrias, tecendo-as em sonetos e sonatas.

O vocabulário desse estado de consciência é o da surpresa e da associação: "Fico imaginando o que aconteceria se as calçadas de movimentassem...". "Essa reunião está parecendo restos de picadinho de fígado!" "Você é igual ao meu tio George, aquele homem irritante!"

Como não há possibilidade de estar errada ou certa, a mente criativa pode juntar-se à perspectiva de qualquer um: "Ah, entendo o que você quer dizer". "Naturalmente, agora que você colocou dessa maneira...". "Isso soa como uma possibilidade." Esse modo de pensamento pode resultar na perda da percepção do *self*, em enganos e na incapacidade de separar a fantasia da realidade. Ela também pode resultar num Albert Schweitzer, numa madre Teresa e num Thomas Edison.

Resumindo, cada modo de pensamento tem seus fardos e bênçãos. Algumas pessoas ficam mais à vontade e conhecem melhor

> Há dois modelos de sociedade — o modelo dominador envolve a consciência de valorizar uma parte da humanidade mais do que o resto, simbolizado por uma espada e o poder de tirar a vida em vez de dá-la, como o poder máximo de estabelecer e impor o domínio. O segundo, no qual as relações sociais estão baseadas na consciência de unir, é o modelo da parceria, simbolizado por um cálice, gerador de vida e dos poderes nutridores do universo.
> — Riane Eisler, —
> *The chalice and the blade*

determinados estados da mente. Entretanto, o pensamento deve fluir por intermédio de todos eles, e usar a mente de forma efetiva significa encontrar a maneira orgânica de como o seu cérebro peneira a experiência pela espiral do pensamento. Significa também tornar-se consciente da seqüência específica que o seu cérebro usa para desencadear e acessar cada estado de consciência. É dessa exploração que falaremos agora.

> O homem busca para si mesmo, de qualquer forma que lhe seja adequada, uma imagem simplificada e lúcida do mundo para, assim, conquistar o mundo de experiência, esforçando-se para substituí-lo um pouco por essa imagem.
>
> — Albert Einstein

3

As linguagens naturais da mente

Antes de trabalhar com arquitetos, estive intimamente envolvido com psiquiatras e escolas psicanalíticas, bem como com diplomatas. Ambos são extremamente verbais e dependem da competência com as palavras faladas para a sua subsistência. Eles podem pegar as palavras e transformá-las em idéias e até mesmo em emoções. É preciso usar bem as palavras se quisermos nos comunicar com esses grupos. Tendo me habituado às palavras depois de trabalhar com essas duas profissões, o meu primeiro contato com arquitetos foi um choque. Era como trabalhar com uma tribo totalmente nova, da qual eu não sabia nada. Aprendi que era preciso alcançar esse grupo por meio dos seus olhos, com imagens, não com palavras.

Edward Hall, *Beyond culture*

Este capítulo trata da descoberta das linguagens simbólicas que a mente utiliza para receber e organizar informações, equilibrar as experiências externas e internas e, a partir daí, criar novos padrões.

Você já pensou por que algumas pessoas são fascinadas por palestras e concertos enquanto outras pegam no sono? Ou por que, para algumas pessoas, ver é acreditar, enquanto para outras as ações falam mais alto do que as palavras? Há trinta anos, trabalhando com crianças consideradas incapacitadas, eu ficava muito curiosa ao notar que algumas delas conseguiam aprender quando podiam movimentar-se, mas não conseguiam aprender quando ficavam paradas, e outras não tinham dificuldade para soletrar palavras quando podiam cantá-las, em vez de escrevê-las. Isso tornou-se uma obsessão pessoal que me levou a perceber que os diferentes estados de consciência que usamos para pensar, na verdade, eram *desencadeados* pelas diferentes linguagens simbólicas que o cérebro utiliza para processar a informação — auditiva (A), visual (V), cinestésica (C).

Quando iniciei o meu treinamento em hipnoterapia, tive muitas oportunidades de observar as pessoas enquanto elas mudavam de um nível de pensamento para outro — da consciência totalmente alerta, por exemplo, para o sonhar acordado da subconsciência, para a inconsciência profundamente enlevada. Observei que a linguagem que elas usavam para descrever o que estava acontecendo em sua mente, as imagens e símbolos, mudava freqüentemente, à medida que mudavam os estados de consciência. Era como estar numa casa onde as pessoas falavam italiano na sala mas, ao passarem pelo corredor e entrarem na cozinha, começavam a falar espanhol e, quando chegavam ao quarto, todas falavam francês. Cada estado de consciência — beta, alfa, teta — parecia usar uma das três linguagens simbólicas para processar informações (auditiva, visual ou cinestésica).

Antes de continuarmos essa exploração, vamos definir quais são essas diferentes linguagens simbólicas. Pensar cinestesicamente significa funcionar por meio das mãos, da pele e dos músculos. As experiências são reunidas em sentimentos, movimentos,

> As pessoas desenvolvem diferentes modalidades sensoriais, por temperamento ou por treinamento[...] A. R. Luria descobriu que os diferentes centros do cérebro são centros de processamento e elaboração, não depósitos de armazenagem... Eles classificam e elaboram, recebendo e enviando informações, mas não as armazenam... Karl Pribram da Universidade de Stanford foi o primeiro a criar uma teoria sobre a memória usando o modelo holográfico. Ele descobriu que é impossível localizá-la... A imaginação visual e auditiva e a memória têm sido extensivamente estudadas por meio de diversas técnicas. Contudo, outras formas de memória foram negligenciadas.
> — Edward T. Hall, *Beyond culture*

ações, toques, texturas, temperatura, pressão, percepção espacial, sensibilidade à energia, odores e aquilo que chamo de "sentir imagens" — imagens internas de movimento e sentimento. Criar cinestesicamente inclui o uso das mãos e do corpo para esculpir, fazer jardinagem, dançar, tricotar, entalhar, cozinhar, fazer mímica, construir etc.

Pensar visualmente significa funcionar com os olhos e considerar os *insights* as janelas da mente. A experiência é processada pela visão e por imagens visuais. Quando a mente está pensando dessa forma, ela observa detalhes visuais, cores, visões, linhas, mapas, listas, paisagens, perspectivas, visualizações, desenhos, a palavra escrita, diagramas, filmes, rabiscos, projetos, televisão, fotografias, roupas. Criar visualmente envolve colocar as idéias no papel, na tela ou em filme.

Pensar auditivamente significa funcionar utilizando os ouvidos e a boca como o telefone da mente. A experiência é processada por meio de palavras e sons. Quando a mente está pensando dessa forma, ela escuta e participa de conversas, insinuações, tons de voz, anedotas, versos e sons, música, significados e mensagens, poemas, histórias, debates, discursos, ordens e orações, ruídos, rádios e gravadores, ópera, palestras e discussões. Criar auditivamente envolve a expressão da consciência com sons e/ou palavras.

> As mentes que não mudam são como mariscos que não abrem.
> — Ursula LeGuin.
> *Dancing at the edge of the world*

Vamos imaginar que o pensamento é como a água. Se você não pensar muito, a água será alguma coisa com a qual você toma banho, bebe ou escova os dentes. Mas, se pensar nela um pouco mais, você perceberá que ela muda constantemente de forma, evaporando em nuvens, escorrendo sobre o seu guarda-chuva, descendo de uma montanha para formar o regato que alimenta a nascente. Ainda é água, mas muda de forma.

De acordo com a minha experiência, o pensamento também muda de forma enquanto se move pelo cérebro, passando de um estado de consciência para outro. A maioria das pessoas familiarizadas com computadores compreende que utilizam diferentes tipos de linguagem, como *FORTRAN, PASCAL, BASIC* etc., para processar informações. O que torna a mente humana tão fascinante é que ela utiliza três diferentes "linguagens" perceptivas para pensar e que parecem desempenhar o papel de um sistema de arquivos que grava, classifica, cria e recupera pensamentos, idéias e experiências.

Enquanto a mente transfere um pensamento do consciente para o subconsciente e para o inconsciente, *ela muda a linguagem ou o "software" que está usando para pensar em cada um deles.* Por exemplo, você poderia ouvir algumas notícias no rádio e descrever o seu significado para si mesmo (consciente e auditivamente); então, a mente muda essa explicação, transformando-a numa imagem, enquanto separa a informação para torná-la relevante para você (subconsciente e visualmente); e, finalmente, você "viaja" por um minuto ou dois, perdendo a noção do mundo externo e lembrando de uma experiência semelhante àquela mencionada no rádio (inconsciente e cinestesicamente). Se você permanecer nesse estado mental, ele pode tecer uma rede que o ligará a outros sentimentos e ações, como da primeira vez em que você se sentiu assim. Nada disso é realmente "o pensamento". O importante é *como o pensamento está se movendo pela mente.*

Quando comecei a trabalhar pela primeira vez com essa informação, o que mais me surpreendeu foi que cada linguagem simbólica parecia desencadear diferentes estados de consciência em diferentes pessoas. Vamos considerar um escritório, por exemplo. Jim está conversando com sua equipe de vendas sobre os planos para o ano seguinte. Rose parece atenta a cada palavra, equilibrada na beira da cadeira, pronta para fazer e responder a próxima pergunta. Bud, por outro lado, está desenhando um complicado labirinto no alto da folha de papel amarelo do seu bloco de anotações e Dave está imóvel, olhando fixo para a janela, aparentemente sem prestar nenhuma atenção. Jim poderia ficar muito frustrado, achando que Dave não está prestando atenção ou que o assunto é aborrecido. Ele não percebe que cada uma dessas pessoas se encontra num diferente estado de consciência, digerindo o que ele está dizendo de maneira diferente e que a sua maneira de apresentar as informações pode estar desencadeando essas diferentes maneiras de pensar.

Rose, escutando tão atentamente, está ***conscientemente*** recebendo a informação, "pensando" nos detalhes apresentados, fazendo as perguntas que necessita para compreender o que está sendo dito.

> É bastante útil compreender como os dois hemisférios processam a informação quando falamos em métodos de ensino e aprendizagem, mas, para analisar como as pessoas aprendem, se relacionam, atuam e solucionam problemas, identificar os estilos específicos de aprendizagem é uma abordagem mais flexível.
> — Linda V. Williams.
> *Teaching for the two sided mind*

Bud, com seus rabiscos, está processando o que ouve *subconscientemente*, separando as informações para entender as que lhe interessam. Dave, olhando fixo para a janela, foi conduzido para a consciência teta pelas palavras de Jim. Ele pode estar pensando nas vendas do último ano ou imaginando o que poderia ser feito para superar a concorrência. Nenhuma dessas formas de pensar é melhor do que as outras. Nenhum membro da equipe está mais atento do que os outros. Cada um deles está sendo influenciado pela apresentação verbal de Jim, pensando nas informações de maneiras diferentes.

Linguagens simbólicas do pensamento

	CINESTÉSICA	VISUAL	AUDITIVA
Recebe: (entrada)	cheirando provando sentindo percebendo sendo tocado	vendo TV, filmes lendo observando alguém lhe mostrando	escutando rádio, concertos comparecendo a palestras ouvindo alguém lhe dizendo
Imagens mentais criadas: (processo interno)	sentir imagens sensações "dança interior" da mente	*insight* visualizações, visões "filmes no *drive-in*" da mente	voz interior, diálogo interno música interior "programas de rádio" da mente
Expressa por: (saída)	desenhando construindo dirigindo fazendo jardinagem tocando cuidando curando pela imposição das mãos bancando o palhaço movimentando dançando participando em esportes	escrevendo editando desenhando rabiscando criando gráficos, filmes, listas, mapas, diagramas	falando contando histórias cantando vendendo contando piadas discutindo discursando comentando filosofando compondo música

As linguagens simbólicas da mente consciente

Você pode começar a perceber como diferentes estados de consciência são despertados em sua mente, verificando a sua reação para coisas simples. Por exemplo, se os membros da equipe mencionada fossem para outra sala, a primeira coisa que Rose estaria propensa a fazer seria prestar mais atenção nas conversas que estão ocorrendo à sua volta, pois o estímulo auditivo é o que estimula a sua mente consciente. Bud olharia em volta para ver o que o atrai visualmente, pois é isso o que desencadeia a sua consciência beta; e Dave, provavelmente, prestaria mais atenção naquilo que são as pessoas estivessem fazendo, uma vez que as informações cinestésicas é que estimulam sua mente consciente.

> Alunos diferentes lembram e integram informações com diferentes modalidades sensoriais.
> — Edward T. Hall.
> *Beyond culture*

A linguagem simbólica que desperta o modo consciente de pensamento é aquela que achamos a mais confortável e na qual nos sentimos mais confiantes e competentes para nos expressar publicamente. As pessoas pensam nela como "normal", como realidade. Essa é a linguagem que precisamos usar em primeiro lugar para podermos absorver informações, bem como a simbologia que nos faz pensar que lembramos de tudo o que aprendemos. Ela é o botão *"LIGA"* para o cérebro, o bocal para a mangueira que dirige o fluxo da nossa atenção. Cada tipo de linguagem — visual, cinestésica, auditiva — desencadeia esse estado em cada um de nós.

Para mim, é "normal" (ou habitual) pintar um quadro com o vocabulário da minha mente consciente *visual,* para Andy, meu marido, comunicar-se por meio de sentimentos ou ações (*cinestésico),* e para nossa amiga Virginia, dizer em termos exatos aquilo que ela considera as razões subjacentes a qualquer experiência (*auditivo).* Se você nos encontrasse saindo do cinema após termos assistido ao mesmo filme, teria todos os detalhes de Virginia, a ação de Andy e as descrições visuais de mim.

Gostaria de descrever algumas pessoas e ver se você reconhece o que a mente delas está fazendo para pensar no modo de organização beta. Você conhece alguém que pode falar sem parar, como se fosse continuar falando para sempre? Essas pessoas utilizam a linguagem de maneira muito detalhada. Elas podem falar rapidamente.

Seu vocabulário pode ser muito preciso. Para elas, discutir um assunto pode parecer bastante normal. A primeira coisa que as atrai ao entrarem numa sala é a conversa. Elas sabem que você se preocupa com elas quando você discute as coisas com elas, particularmente as importantes.

Talvez você conheça alguém que é um planejador de listas, que adora fazer palavras cruzadas, rabiscar ou usar a informação visual para ficar bastante atento — este é só olhos. As roupas, o seu jeito de olhar o resto do mundo é muito importante para essas pessoas. A primeira coisa que fazem ao entrar numa sala é olhar em volta. Elas fazem contato visual direto e constante. Podem trabalhar em tarefas visualmente detalhadas durante muito tempo e sabem que você se preocupa com elas se você lhes demonstrar ou se puderem ver no seu rosto.

Você conhece alguém muito ativo? Fisicamente, é como se essas pessoas não conseguissem ficar paradas, estão sempre indo e vindo, sempre fazendo alguma coisa, brincando com alguma coisa nas

> Ah, se você pudesse dançar tudo o que acabou de dizer, então eu entenderia.
> — Nikos Kazantakis,
> *Zorba, o grego*

mãos. Na verdade, elas não conseguem "pensar" coerentemente a não ser que estejam em movimento, agindo ou experimentando um estímulo palpável. Elas tateiam o seu caminho no mundo. Numa festa, provavelmente, sentem onde a energia é mais confortável para elas. Organizam suas vidas em pilhas. A sua maneira de fazer as coisas é muito sistemática e a de sentir também pode ser, e muito. Gostam de coisas concretas e o importante para elas é serem úteis no mundo. Sabem que você se preocupa com elas pela sua maneira de tocá-las e fazer coisas com elas.

É possível que você tenha se reconhecido numa dessas três diferentes maneiras de pensar conscientemente. O mais provável é que você também tenha reconhecido outras pessoas que fazem parte da sua vida. Mas, vamos começar por você. Qual dessas maneiras de se concentrar lhe parece mais familiar, mais real, mais natural?

Uma das formas de pensar nesse modo é se ele fosse o limiar elevado de concentração. Um limiar costumava ser um local no vão da porta, onde o trigo era colocado. Quando o vento soprava, separava o joio do trigo. Assim, se alguém tem um limiar elevado, os ventos da distração não conseguem perturbá-lo. Você consegue se envolver numa conversa durante muito tempo e, mesmo sendo interrompido, voltar direto ao que estava falando? Se você é aquilo que uma amiga chama de "alerta com palavras", podemos dizer que tem um limiar auditivo elevado.

Por outro lado, se você é "alerta com o corpo" e tem um limiar cinestésico elevado, pode realizar uma tarefa com lógica, concentrando-se nela por um longo período. Mesmo que seja necessário abandoná-la, você consegue retomá-la diretamente de onde parou. Se a sua mente consciente é despertada cinestesicamente, o toque não o distrairia. Na verdade, ele pareceria bastante casual.

Talvez você tenha um limiar visual elevado, seja "visualmente alerta", podendo fazer listas intermináveis e organizando-se com precisão. Você pode escrever, desenhar ou ler e nada consegue perturbá-lo. Possivelmente, consegue ler e assistir à televisão ao mesmo tempo. Caso se distraia momentaneamente de uma tarefa visual, pode voltar de imediato a se concentrar nela.

> Gaste a tarde. Você não pode levá-la consigo.
> — Annie Dillard

Prática: Indo direto ao assunto

Hora de entrar na água de novo. Mesmo tendo certeza de saber qual linguagem simbólica desperta sua mente consciente, esta prática lhe dará a oportunidade de nadar nela. Este é um convite para usar a curiosidade geralmente reservada para pessoas estranhas ou para um primeiro encontro:

- Durante alguns minutos observe as coisas das quais você está mais consciente no momento presente. Talvez você queira mencioná-las em voz alta ou gravar o que está atraindo sua atenção. Seja simples — mencione apenas a informação que os sentidos estão lhe dando, como por exemplo: "Estou olhando para o papel de parede amarelo", em vez de "Vejo o papel de parede e fico imaginando em que loja ele foi comprado e se é de vinil. Ele me faz lembrar do papel de parede que a minha tia Sylvia tinha quando eu era pequeno...".

- Agora, uma pergunta para você pensar. Por favor, escreva ou grave a sua resposta. "Como você sabe quando alguém o ama?"

- Observe a qualidade sensorial da sua descrição, isto é: "Eu sei, pela maneira como alguém *fala* comigo, pelo seu *tom de voz*, pelo seu envolvimento quando *discutimos* idéias."
- Que linguagem simbólica o deixa mais confiante?

Dentre essas linguagems, você teve dificuldade em alguma ou não conseguiu acessar alguma?

Clubes de afinidade

Ninguém quer ser deixado de lado nem ser considerado igual a todo mundo. Mas, com freqüência, quando as pessoas que participam de nossos *workshops* formam grupos com outras, cuja mente consciente é despertada pela mesma linguagem simbólica, há uma deliciosa sensação de estar voltando para casa e de ser profundamente compreendido. É como estar numa orquestra afinando instrumentos iguais. Reuni alguns trechos de comentários reais feitos pelos "clubes de afinidade" dos três diferentes grupos perceptivos conscientes, para você sentir um pouco essa experiência. Para vivenciá-la, finja que não tem idéia daquilo que desperta sua mente para organizar informações. Imagine estar visitando cada

> Egoísmo não é viver como queremos; é pedir que os outros vivam como queremos viver.
> — Ruth Rendell

grupo, bisbilhotando, observando, familiarizando-se com aquele que poderia ter afinidade com o seu.

Por favor, lembre-se de que dentro de cada grupo há uma tremenda variação, porque a mente é um instrumento único. Você pode reconhecer algumas coisas e outras não.

Isso soa verdadeiro?

As pessoas cujas mentes estão auditivamente sintonizadas estabelecem empatia verbal muito rapidamente. Quase não há silêncio entre as palavras. Elas parecem ficar amigas fazendo piadas, dizendo coisas que chamam de "apenas brincadeira". Com freqüência, são sarcásticas, mas não parecem se ofender com as palavras dos outros. Há muita discussão sobre razões e significados, compreensões e filosofias pessoais.

"Posso falar *com* qualquer um sobre qualquer coisa. Converso com as pessoas nos elevadores, nas esquinas, em qualquer lugar. Mas, olhar para elas significa que preciso levá-las para dentro de mim, de algum modo. Isso é mais íntimo e tenho dificuldade para encontrar palavras. Tocar, reservo para situações especiais. Portanto, isso significa que o meu cérebro funciona como o do Robin Williams? Secretamente, sempre achei que eu era a irmã perdida de Robin Williams, roubada ao nascer por um mercador lituano de escravas brancas, que..."

"A propósito, você esqueceu de me perguntar como sei quando alguém me ama. Eu sei pela sua conversa; pelo seu nível de atenção enquanto conversamos; se elas me procuram para discutir idéias e opiniões; se realmente escutam e apreciam minhas piadas, histórias e poemas; e, naturalmente, se ficam acordadas até tarde da noite comigo, discutindo alguma coisa sobre pela qual estou interessado, então, *PIMBA*! Eu sei."

> Nós nos encontramos continuamente sob milhares de disfarces no caminho da vida.
>
> — Carl Jung

"Fico muito aborrecido quando não me lembro do nome de alguém. Também detesto ouvir críticas, mas posso falar tanto que ninguém terá chance de dizer uma palavra. Quando conheço alguém, estou mais consciente do que está dizendo e penso cuidadosamente em como me apresentar com palavras. A música me relaxa e adoro ouvir *talk shows* no rádio. Muitas vezes, fantasiei que estava fazendo um."

"As pessoas costumavam dizer que eu tinha engolido uma agulha de vitrola. Gosto de mandar e de dar ordens, realmente gosto. Conversei com uma mulher que era juíza e falei sem parar, até conseguir as coisas do meu jeito. Depois que começo, não paro. Provavelmente eu seria um bom leiloeiro."

"Você gosta de discutir? Eu gosto de discussões, não exatamente de brigas, mas de discutir as coisas filosoficamente. Posso falar durante dias sobre o significado de alguma coisa. Essa é a única maneira de resolver diferenças... a comunicação é tudo. Detesto quando alguém não fala comigo — subo pelas paredes. Gosto de processar as coisas. Assim que saio do cinema, preciso falar sobre o filme."

Isso parece confortável?

As pessoas alertas com o corpo ficam em pé, balançando-se ou sentam-se umas perto das outras. Num workshop em Nova York, após dez minutos, elas já haviam tirado os sapatos e, enquanto falavam, massageavam os pés umas das outras. Muitas vezes, elas têm o que chamamos de "emoção apática" — o seu rosto não mostra quase nada do que realmente estão sentindo; seus corpos é que comunicam a energia mental.

"Estou sentindo o chão sob os meus tornozelos, um lugar tenso no meu ombro, o cheiro de alguma coisa sendo feita na cozinha e a brisa no meu rosto. Estou consciente de como as pessoas estão se movimentando pela sala e me sinto balançando para a frente e para trás; sinto a minha voz vibrando na garganta."

Eu me sentiria muito mais à vontade fazendo coisas com vocês, caminhando ou, talvez, se os conhecesse, sentando ao seu lado em silêncio e tocando-os. E, oh, sim, eu sei quando alguém se preocupa comigo porque posso sentir. É apenas uma sensação que tenho. A energia fica carregada, algumas vezes, elétrica, e fico arrepiado e formigando.

"Não vamos nos sentar, por favor. Estou ficando louco sentado nessa sala durante a última meia hora. O que mais observo é a energia na sala. Eu a considero muito mais interessante do que qualquer outra coisa. Na verdade, com freqüência, ela me distrai, se eu tiver de ficar quieto prestando atenção às palavras."

"Sempre quero tocar as pessoas quando converso com elas. Eu quero chegar até elas. Isso ocorre naturalmente e, às vezes, me causa problemas porque as pessoas sempre interpretam errado o motivo pelo qual eu as toco. É muito doloroso para mim, porque é a maneira mais confortável de me comunicar e, se alguém fica aborrecido, imagino ter feito alguma coisa errada."

Encontrou alguém parecido com você?

As pessoas cuja consciência beta é despertada por informações visuais parecem deixar um espaço entre elas para poderem ver umas às outras enquanto conversam. Os movimentos são mínimos, a não ser os da cabeça e os das mãos. Quando alguém está falando, todas as cabeças viram naquela direção. Há um constante contato visual e as expressões faciais são muito explícitas. Com freqüência, vestem-se bem, combinando as cores. Muitas delas tomam nota ou fazem rabiscos.

"Estou consciente de estar vendo a árvore lá fora. Estou observando as pessoas dentro da sala, ficando à vontade enquanto se movimentam; agora, estou olhando as minhas mãos... Estou notando as cores das roupas que as pessoas estão vestindo. Estou vendo pequenos detalhes, como botões numa camisa e fivelas nos cabelos. Estou observando o desenho do tapete, o azul e o vermelho, vendo a luz do sol e as sombras na parede.

Sei imediatamente quando alguém me ama pela sua expressão facial. Posso ler rostos como leio livros ou fotografias. E sei quando elas me demonstram, com cartas, bilhetes ou presentes. Naturalmente, também sei que se preocupam comigo quando percebem que estou usando um suéter novo, por exemplo. Se alguém quer ver as fotografias que tirei ou alguma coisa que escrevi, eu realmente me sinto amado."

Acendam as luzes. Não quero voltar para casa no escuro.
— O. Henry, últimas palavras

"Uma das coisas importantes para mim é o contato visual. Se as pessoas não me olham quando estamos conversando, sinto-me excluído, como se não gostassem de mim. A primeira coisa que faço em qualquer situação é o contato visual. Se alguém evita os meus olhos, sinto que essa pessoa não quer me conhecer. A cor é tudo para mim, e eu leio o mundo. Caixas de cereais, invólucros de chicletes, rostos, grafites; meus olhos parecem nunca descansar. É como se fossem as minhas janelas para o mundo."

"Eu me preocupo muito com a minha aparência — as aparências parecem ser tudo. Apenas presumo que é a primeira coisa na mente de todos. Preciso que as pessoas demonstrem que me amam: dêem-me alguma coisa que eu possa ver, mandem-me cartas, flores. Ver é acreditar. A maneira como sou visto algumas vezes me deixa obcecado. A aparência do meu carro, da minha esposa, do meu corpo, até do meu cachorro!"

"A palavra escrita é muito importante para mim. Aprendo com muito mais facilidade quando há alguma coisa para olhar. Se não posso ver, não posso ouvir."

"As pessoas dizem que sempre é possível saber o que está acontecendo comigo apenas me olhando. Acho que isso é verdade. Meu coração está em meu rosto."

Prática para expandir a sua aprendizagem

* *Escolha uma palavra interessante, como "paixão", e peça a quantas pessoas quiser para descrevê-la. Observe as diferenças perceptivas.*

Escolhendo o seu caminho

Recentemente, quando comecei a perceber melhor que temos diferentes "estilos" de aprendizagem, ouvi algumas pessoas dizendo: "Oh, isso é porque eu sou uma pessoa visual". Ou "Eu preciso falar muito porque sou um aprendiz auditivo". Isso é tão impreciso quanto alguém dizer "Eu só uso o lado esquerdo do cérebro". Ou tão incompleto quanto identificar um Stradivariu dizendo: "É um instrumento de corda". Isso não nos ajuda a saber se devemos usar um arco ou dedilhar o instrumento para tocá-lo. Chamar a si mesmo de aprendiz visual só descreve o que desperta sua mente para um estado mais focalizado, o que o leva para a consciência beta permitindo a você se concentrar dessa maneira. Cada instrumento do pensamento recebe e usa informações visuais, auditivas e cinestésicas, mas para pensar num modo diferente e em seqüências diferentes.

> Não devemos parar de explorar e o fim de toda nossa exploração será chegar aonde começamos e conhecer o lugar pela primeira vez.
> — T.S.Eliot

O próximo passo lógico para você aprender como aprende seria descobrir a linguagem simbólica usada pela sua mente subconsciente. Porém, milhares de pessoas me ensinaram que, para compreender como aprendemos, nem sempre seguimos os passos considerados lógicos pela mente consciente. Como ela é muito sensível, muitas pessoas descobrem que percebem melhor como é despertada a mente inconsciente do que a subconsciente. Portanto, decidi incluí-la a seguir, "fora da ordem". Se você achar difícil, por favor, sinta-se livre para consultar a próxima seção e depois voltar para cá. Há também algumas pessoas que, após identificarem o gatilho da sua mente consciente, querem descobrir imediatamente qual é o seu padrão. Se isso acontecer com você, fique à vontade e siga a sua inclinação, indo diretamente para o próximo capítulo e voltando a este quando estiver pronto.

A linguagem simbólica da mente inconsciente

Na parte mais ampla da espiral, onde a mente é estimulada a produzir mais ondas teta, está a mente inconsciente. (Na verdade, para ser precisa, o anel mais largo da espiral deveria ser reservado para o local em que a mente produz mais ondas delta, mas essa área da mente inconsciente é onde ocorre o sono e, assim, não faz parte da esfera abrangida por este livro.)

> Não há nada errado com você. Qualquer pessoa que diga que alguma coisa está errada, está errada.
> — Rennais Jeanne Hill

Como o estado teta é tão receptivo, é com ele que a mente recebe o mundo mais profundamente, apesar de ter menos consciência dessas imagens (que podem ser visuais, auditivas ou cinestésicas). Elas são as mais indistintas, as mais afastadas, as mais difíceis de se ouvir. Elas também são as mais infantis e incomuns.

É por isso que quando os dados se originam nessa região da mente demoram mais para entrar na percepção presente. Estou pensando num grande urso que estava hibernando e sai lentamente da parte mais funda da toca, piscando, arranhando e resmungando em direção à abertura e à luz. A mente inconsciente é o local onde há o limiar de concentração mais baixo — significando, literalmente, que é o local onde o vento pode soprar mais forte. Assim, é aqui que ficamos mais expostos e mais desligados.

A mente inconsciente tem uma importante função no recebimento de informações: ligar uma coisa à outra, e uma importante função na saída das informações: gerar e expressar as experiências destiladas de sua vida em novos padrões. Quando um evento é recebido profundamente na linguagem simbólica da mente inconsciente — a visão de uma pessoa sem lar nas ruas, o som de um animal uivando de medo, a compaixão por uma mulher sofrendo na cama de um hospital — você se associa a ele como se aquilo estivesse acontecendo com você. Você examina a própria vida à procura de uma experiência semelhante. Se essa conexão for feita como uma inspiração, a energia será trançada, dançada, esculpida ou escrita no mundo. (Talvez você não tenha nenhuma consciência da inspiração na linguagem simbólica da sua mente inconsciente, particularmente se passa a maior parte do tempo com uma atenção muito ativa. Ao captá-la, ela já terá sido transferida para a simbologia alfa ou beta.)

Você conhece uma pessoa tímida, que parece ter muita dificuldade para manter contato visual direto, por qualquer período? As pessoas cuja mente inconsciente pensa visualmente podem ser muito afetadas por filmes ou outras informações visuais, pois tornam-se aquilo que vêem. Elas podem ignorar os detalhes visuais, pois, para elas, o importante é o "grande quadro", enxergar o todo de alguma coisa. Elas podem descrever essa maneira de pensar como estar sumindo naquilo que estão vendo, as cores se misturando como se estivessem sendo vistas através de uma janela molhada pela chuva.

> O *Blues* é a verdade. É melhor acreditar que o que ele está dizendo é a verdade.
> — Buddy Guy

As mentes visualmente sensíveis tendem a não gostar de instruções detalhadas e de longos relatórios escritos. Como aqui o limiar é baixo, uma pilha de papéis para ler ou escrever pode ser uma sobrecarga. Quando essas pessoas escrevem algo, geralmente isso tem grande significado para elas.

Talvez você possa lembrar-se de alguém cuja mente inconsciente tenha um baixo limiar auditivo. É provável que essa pessoa fique facilmente sobrecarregada com muitas palavras. Nomes, acrônimos e conteúdos verbais podem ser esquecidos, mas um tom de voz será lembrado durante anos. Em geral, as pessoas cuja mente é auditivamente sensível podem distrair-se quando falamos com elas ou quando os outros completam as suas frases não terminadas.

Para elas, o silêncio é o maior presente, porque o aspecto mais produtivo da sua mente é continuamente agredido com palavras do mundo externo. Elas podem ter dificuldade para falar ou falar muito depressa. As palavras podem parecer um cata-vento girando, fazendo conexões aparentemente sem nenhuma relação. Quando as suas palavras ou a sua música emergem de um silêncio confortável, elas podem conter muita sabedoria e provocar um profundo efeito nos ouvintes.

Além disso, elas conseguem ouvir a melodia e a harmonia ao mesmo tempo, bem como escutar o todo de uma conversa. Você conhece alguém com um baixo limiar cinestésico? Essas pessoas distraem-se facilmente com um toque e com muito movimento à sua volta. Elas podem "viajar" e ter muita cautela com relação a serem tocadas ou deixar que lhes ensinem a realizar atividades físicas. Elas também podem sabotar (inconscientemente, é claro) qualquer tentativa de competir fisicamente, machucando-se ou sofrendo acidentes. As mentes cinestesicamente sensíveis sentem as coisas profundamente, mas demoram muito para saber o que, na realidade, estão sentindo. É como se pudessem ficar paradas para sempre, inativas, até mesmo esquecendo que estão num corpo.

As pessoas cuja mente processa a informação dessa forma podem perder-se no movimento, pois começam a fazer uma coisa e, então, naturalmente, ficam "criativas" e fazem de outro jeito e depois de outro, sem nenhuma lógica aparente. A mente inconsciente que é despertada pela informação cinestésica sente o todo de alguma coisa e não é casual com relação ao toque, pois lembrará dele por muito tempo.

As atuais pesquisas parecem indicar que cada célula também pode ter memória e pensar.
— Ernest Rossi e David B. Cheek, *Mind body therapy*

Clubes de afinidade

A seguir, alguns trechos de comentários reais feitos pelos membros dos "clubes de afinidade" do modo teta, dos três grupos perceptivos. Você poderá reconhecer características que o ajudarão a identificar o seu.

Auditivamente sensível

O mais incrível a respeito das pessoas cuja mente inconsciente é despertada pelo auditivo é que elas parecem estar sempre fazendo perguntas que, muitas vezes, nunca são respondidas. Com freqüência, demonstram ficar pouco à vontade quando os outros escutam o que elas dizem.

"Detesto quando as pessoas me fazem perguntas que exigem respostas do tipo sim/não. Sempre me sinto o alvo das atenções e as palavras simplesmente não saem. Tudo o que falo não chega nem perto do que estou sentindo. Posso me ouvir respondendo de cinqüenta maneiras diferentes antes de as palavras saírem da minha boca. Então, nunca fico satisfeito com o que finalmente digo. Você já passou por isso?"

"Sinto-me aprisionado pelas vozes dentro da minha cabeça. Talvez elas estejam tentando impedir a entrada de outras vozes. Estou percebendo que quando alguém me humilha com palavras, elas permanecem em minha mente por muito tempo."

"Fiquei viciado em oradores dogmáticos, articulados. Eu estava num grupo cuja líder era verbalmente muito poderosa. Eu precisava lhe telefonar três vezes por dia e ouvi-la. A voz dela passou a ser uma droga e eu parecia um viciado. As palavras dela continuavam saindo da minha boca, em vez de as minhas. Isso durou dois anos! Agora sei que isso é muito comum. Nós ficamos facilmente ligados a oradores poderosos que dizem as coisas de maneira linear, quando o nosso cérebro não consegue. Eles têm explicações organizadas para as coisas, você não acha?"

> Se você quer escrever a verdade, deve escrever sobre si mesmo. Eu sou a única verdade real que conheço.
>
> — Jean Rhys

Visualmente sensível

A característica peculiar das pessoas cuja mente inconsciente é visualmente despertada é que elas não gostam de olhar para as pessoas por muito tempo.

"O contato visual é uma tortura para mim. Quando olho para baixo ou desvio o olhar, e é o que preciso fazer para estar presente e sentir a mim mesmo, as pessoas agem como se eu tivesse quatro anos de idade ou dizem que sou evasivo. Quando faço contato visual, "viajo" ou vacilo. O rosto das pessoas me diz muita coisa. Mas tenho de tomar cuidado porque, muitas vezes, deslizo para os meus próprios filmes e me esqueço totalmente da pessoa com quem estou."

"Adoro as cenas descritivas nos romances porque posso ver todo o ambiente, mas os diálogos me entediam. Tenho tendência a ser um leitor bastante lento; ou folheio o livro, obtendo uma visão geral do todo. Também é importante o jeito de determinada palavra — é assim que eu soletro, pela forma da palavra."

"Eu costumava detestar quando os professores faziam anotações nas minhas provas. O papel parecia estar sangrando. E por que eles precisavam me olhar com aquela cara e mostrar em grandes palavras quantos erros eu cometera? Mesmo na faculdade, quando escreviam os seus comentários, era como se estivessem escrevendo na minha carne. Minha escrita, considerada de modo geral, parece estar nua, e estar nu pode ser doloroso ou agradável, depende."

"Detesto aquelas visualizações dirigidas quando preciso fechar os olhos. Em primeiro lugar, fico realmente frustrado porque vejo tantas possibilidades. Eles dizem: 'Veja um castelo e uma estrada' e eu vejo variações de todo tipo de castelo jamais construido, e aí eles já estão falando de outra coisa. Detesto que me imponham visões. Elas devem vir de dentro de mim. Pelo mesmo motivo, eu detestava aqueles livros que mostravam as cores que deviam ser pintadas. As imagens visuais em minha mente passam muito rapidamente, como um borrão, e não posso vê-las, a não ser que diminua a sua velocidade. Então, elas se tornam muito reais, como se eu estivesse nelas."

— mas está sempre viva, em movimento, e a sua mente é assim. No fluxo do rio existem tantas coisas — peixes, folhas, animais mortos eternamente em movimento, indo de uma coisa para outra, como borboletas — apenas observe a sua mente. É muito divertido. Se ela for experimentada como uma diversão, você descobrirá que ela começa a se acalmar sem nenhum esforço da sua parte para controlá-la.
— J. Krishnamurti, *Think on these things*

Cinestesicamente sensível

A característica peculiar dessas pessoas é o espaço que elas colocam entre si e a ausência de qualquer movimento. Quando falam do seu corpo ou de sentimentos, em geral riem nervosamente ou diminuem o tom de voz e se inclinam.

"Detesto aprender atividades físicas, como dança de salão ou esportes, de maneira estruturada. Sempre fico aborrecida ou me atrapalho e faço do meu jeito. Tive muitas aulas de dança para aprender a me movimentar como todo mundo, mas sempre havia alguma coisa em mim que se ressentia por ter de fazer as coisas como esperavam que eu fizesse. As pessoas pulavam para a direita e eu ia para a esquerda. Eu me sentia anulada se apenas me movimentasse como todos."

"Tenho uma coisa de amor/ódio com os esportes competitivos. Meu pai queria que eu jogasse futebol. Eu precisava ficar insensível para deixar o meu pai orgulhoso. Fiquei muito disciplinado. Era gratificante ouvir a torcida gritando o meu nome, mas eu precisava me esforçar muito. Só de falar nisso, fico suando. Há dois anos, fui para o Alasca e fiquei congelado, mas nem percebi. Resistir, vencer. Sinto-me muito triste agora, pensando em todo aquele sofrimento."

"Não estou muito no meu corpo. Quando eu era criança e apanhava dos meus pais, apenas saía do meu corpo e observava a cena de dentro da parede. Assim, a minha parte mais profunda nunca apanhava. O problema é que eu não apenas me distanciava da dor, mas também me distanciava de mim. Ainda hoje é difícil engatinhar para dentro do meu corpo. As pessoas vivem dizendo: 'Estou formigando'. Bem, não sinto essas coisas no meu corpo. Continuo esperando. 'Quando o formigamento vai começar? Será que é isso? Não, é apenas a minha imaginação."

"Ficar doente era o único jeito de estar receptivo às sensações do meu corpo. Isso também me forçava a ser criativo e começar a desenhar para ter alguma coisa para fazer, algum modo para me comunicar com o que eu estava sentindo. Meu corpo fala comigo, mas só recentemente aprendi que ele tem determinadas maneiras para dizer não, com dor e tensão, e outras para dizer sim, com prazer e facilidade. Demoro muito para entrar no meu corpo. As minhas idéias visuais e verbais movimentam-se muito mais depressa."

> Um poema... começa como um aperto na garganta, uma sensação de coisa errada, uma saudade de casa, uma saudade do amor... Ele encontra o pensamento e o pensamento encontra as palavras.
> — Robert Frost

Mensagens da mente inconsciente: o micróbio do rabisco

A maioria das pessoas foi educada para pensar em si mesma como "não criativa", deixando de notar as atividades, os rabiscos e os gestos que podem, na verdade, ser analogias ocultas para as formas criativas de pensar sobre um mesmo assunto.

Carlos ficava criando complicados rabiscos em todas as sessões do grupo de treinamento de Vermont. Ele era um atleta maravilhoso, treinador e professor de ciências, mas insistia em afirmar que não era intuitivo nem criativo. Seu maior problema na vida era a dificuldade para lembrar-se de determinadas coisas, como compromissos. Ele adiava a revisão de trabalhos escolares. Ele e a esposa brigavam freqüentemente porque ele "apenas desaparecia" e não comparecia ao local e hora combinados. Ela chamava isso de "esquivar-se".

Sua mente consciente, da qual dependia muito, era despertada pela simbologia cinestésica. Sua mente inconsciente, que ele ignorava por completo, era visualmente sensível. Quando lhe perguntei sobre os rabiscos, ele respondeu que eram uma forma de liberar energia quando ficava entediado ouvindo palestras. Perguntei o que havíamos discutido na sessão matinal. Ele deu de ombros, sem mexer um músculo do rosto e disse não ter idéia.

"Carlos, faça-me um favor, embora possa parecer estranho. Trace novamente o rabisco que você estava fazendo essa manhã e observe o que vem à sua mente."

Ele me dirigiu um olhar do tipo essa-mulher-deve-estar-louca e resmungou: "Não sei o que isso tem a ver", mas começou a traçar novamente o complexo rabisco original.

Depois de dois minutos, numa voz que parecia vinda de um sonho ele disse: "Bem, você falou sobre hipnose, mas... ah, sim, Alan disse que transe e meditação não são realmente a mesma coisa porque..."

Ele relatou *tudo* o que havia sido discutido, daquele jeito atordoado, durante dez minutos, antes que eu o interrompesse. Ele estava mais surpreso do que eu.

Sugeri que os seus rabiscos eram a comunicação vinda da sua intuição, trazendo para ele a experiência, na linguagem visual da sua mente inconsciente. Ele balançou a cabeça incrédulo e virou a página, começando a retraçar o rabisco que havia

Minha vida escrevendo, ou minha vida como escritor, vem a mim em duas partes, como dois rios que se unem. Uma parte é fácil de distinguir: as horas, os eventos, os lugares, as pessoas. A outra é misteriosa; são os meus pensamentos, o fluxo da minha vida interior, as fantasias e impulsos que nunca se revelam — talvez nem mesmo para mim.
— William Stafford, *You must revise your life*

feito "distraidamente". "Não posso... acreditar... nisso. Está funcionando. Estou me lembrando do que você disse."

Ele me olhou com a admiração de uma criança de seis anos. "Todos esses anos tenho jogado fora os meus rabiscos. Tenho jogado fora a minha intuição! Por que ninguém me disse? Você sabe o quanto sofri na escola, tentando me lembrar?"

Eu sabia.

* * *

Você também recebe mensagens contínuas da sua mente inconsciente. Talvez, enquanto está pensando na briga que teve com alguém no escritório, você comece a "viajar", lembrando-se da sensação experimentada numa montanha-russa quando tinha sete anos de idade e de como não podia sair dela mesmo querendo. Você está disposto a refletir que, no túmulo da sua mente, há uma mensagem que você está relacionando a essa pessoa, como se estivesse preso numa montanha-russa?

Já lhe aconteceu de estar andando pela cozinha e, de repente, uma música "pipocar" em sua mente? Você continua fechando a mão enquanto está tentando decidir se deve continuar cedendo a um amigo folgado? Pode ser irrelevante, mas, novamente, pode ser sua mente inconsciente oferecendo uma semente, uma possibilidade, uma outra maneira.

Um dos aspectos mais importantes e significativos na compreensão da forma como sua mente processa as informações surge com a percepção de que o estado de consciência mais difícil de ser acessado, *sua mente inconsciente, é a fonte de sua criatividade e de sua produtividade pessoal.* Aquele que pode ser considerado o estado mais "privado" da mente, mais frustrante, menos "brilhante" e competitivo é, na verdade, o depósito de tudo o que você vivenciou. Ele é a estação geradora da sua sabedoria e orientação e o navegador final do caminho da sua vida.

Trabalhei com milhares de pessoas que reivindicaram o direito de expressar e explorar sua imaginação como um processo para curar sua vida e entender o que não podia ser racionalmente compreendido. Elas ganham a vida como professores, cientistas, carpinteiros. Constróem sua vida encontrando a verdade na sua música, nas suas histórias, na habilidade das suas mãos.

> O lendário almiscareiro procura no mundo inteiro a fonte do perfume que vem dele mesmo.
> — Ramakrishna

Prática:
Uma abordagem criativa para a solução de problemas

- *Pense num problema e descreva-o do seu jeito habitual.*
- *Usando a mão não dominante, desenhe uma linha que retrate o problema, rabisque a sua forma e até mesmo as suas cores, se você quiser.*
- *Mude para o modo cinestésico e deixe a mão descrever o problema com os seus movimentos.*
- *Vocalize o problema, cantarolando, fazendo sons, descrevendo o problema com a energia na sua voz, em vez de a linguagem.*
- *Com isso em mente, crie uma história começando com: "Era uma vez...". Mude o contexto para: "Era uma vez uma árvore que foi atingida por um raio...", em vez de "Era uma vez uma mulher que teve um dia terrível..."*

O que a sua mente inconsciente acabou de lhe dar é um mapa de uma nova maneira de abordar o problema, não uma solução. A princípio, talvez você não compreenda, mas como se compreende um mapa? Apenas observe qual o efeito da história sobre você nos próximos dias.

A linguagem simbólica da mente inconsciente

A função do corpo caloso é proporcionar comunicação entre os dois hemisférios e permitir a transmissão da memória e da aprendizagem.
— Roger Sperry, CIT, biopsicólogo, citado em *Drawing on the right side of the brain*

Nunca passei muito tempo ensinando sobre a mente inconsciente. Para dizer a verdade, eu não a considerava muito interessante. Não parecia acontecer muita coisa por lá. Eu estava preocupada com ação intensa ou relaxamento total. Minha cabeça estava nas nuvens, cheia de visões; meus pés estavam firmes, enraizados no chão pela força da gravidade, e o que estava no meio parecia basicamente irrelevante. O fato de ter desperdiçado tanto tempo com palavras, a linguagem que despertava minha mente subconsciente, era muito confuso para mim.

No grupo de supervisão, em Boston, uma pessoa me desafiou: "Por que nós nunca temos clubes de afinidade para explorar a consciência alfa?" Já falamos da beta e da teta e de padrões globais, mas você sempre deixa a mente subconsciente de fora. Por quê?" Fiquei sem graça, reconheci a verdade e concordei que teríamos clubes de afinidade do modo alfa. Pensei que aquela seria uma sessão muito aborrecedora. E eu estava errada — totalmente errada! No final do dia, um dos participantes gritou: "Dawna, toda a nossa vida gira em torno dessa mente intermediária. Ela é a terceira do meio!". Ele estava certo. Alfa é a ponte entre os mundos interior e exterior. Quando o cérebro está produzindo mais ondas alfa, somos capazes de dividir a atenção, mantendo simultaneamente os focos externo e interno. Por exemplo, nesse momento, estou ouvindo Barbra Streisand cantar "Where is it written?". Ao mesmo tempo, uma voz firme no lado esquerdo do meu crânio está ditando as palavras que estou digitando. Essas duas consciências coexistem de forma bastante confortável.

Entretanto, não consigo ver as pequenas letras enchendo a tela e, de forma simultânea, uma imagem em minha mente. Nem posso andar rapidamente pela sala enquanto sinto profundas sensações em meu corpo. Só no meu canal auditivo a informação dos mundos exterior e interior pode ser processada ao mesmo tempo.

Agora, você poderia reservar um minuto para descobrir em que linguagem simbólica consegue prestar atenção interna e externamente, ao mesmo tempo, de modo natural e com facilidade.

As pessoas que usam o canal cinestésico para separar as informações podem precisar movimentar-se, agir, usar as mãos ou associar-se aos sentimentos para poder sair de situações confusas. O medo deixa-as paralisadas e, freqüentemente, elas experimentam a preocupação como uma agitação no corpo. Outras pessoas descrevem a si mesmas como um carro esporte parado no sinal vermelho com o motor acelerado, porque parecem sempre ter uma energia reprimida sob a superfície. Algumas vezes, isso provoca o que alguém chamou de "síndrome do atleta emocional", uma frase muito adequada porque o atletismo e o movimento podem ajudar as pessoas cuja mente opera dessa forma a equilibrar e dirigir toda a intensa energia da qual têm consciência.

> A maior capacidade humana é a de criar metáforas.
> — Aristóteles

As pessoas cujo modo subconsciente usa o canal visual podem usar a escrita, o desenho ou a fotografia para esclarecer as coisas quando estão confusas. A sua vida pode girar em torno de verem ou serem vistas (como trabalhar num computador, no palco), mostrando e demonstrando. Elas tendem a experimentar o medo como um "branco" ou um ponto cego, e a preocupação, como imagens que passam rapidamente. Elas podem ver imagens visuais com os olhos abertos, em geral em três dimensões, e discuti-las com muita facilidade. Entretanto, isso não acontece com os seus sentimentos. Para elas, é muito mais fácil escrever sobre eles (ou desenhá-los) do que discuti-los diretamente.

Para aquelas cujo pensamento alfa é despertado pelo canal auditivo, conversar com outras pessoas ajuda a eliminar a confusão. Entretanto, suas palavras não são necessariamente detalhadas e elas tendem a contar histórias sobre as suas experiências ou usar metáforas para descrever sentimentos ou visões. Com freqüência, suas palavras transmitem muita energia e variação vocal, o que as torna professores naturalmente poderosos, independente de sua profissão, e aprendem enquanto ensinam. O medo deixa-as sem palavras e a preocupação é experimentada como um incessante diálogo interno.

Com freqüência, elas participam do diálogo entre pessoas, traduzindo o que uma está dizendo para a outra, usando palavras para preencher as lacunas.

Os clubes de afinidade da terceira do meio

Nesses clubes, as pessoas não estabeleciam uma empatia imediata como nas reuniões da mente consciente, nem entravam numa espécie de união sagrada como naquelas da mente inconsciente. O mais interessante era ver como elas pareciam usar aquela "linguagem alfa" para facilitar o pensamento.

> Talvez fosse melhor [nós] perdermos o plano, jogarmos fora o mapa, sairmos da motocicleta, colocarmos um chapéu bem esquisito, latirmos três vezes e caminharmos pelo deserto, parecendo magros, sujos e assustados... Estamos num dilema racional, numa situação do tipo ou/ou, conforme percebida pela mentalidade binária do computador e nenhum *ou* é um lugar onde as pessoas possam viver... eu recebo a escolha do Grande Inquisidor, Você escolherá a liberdade sem felicidade ou a felicidade sem liberdade? A única resposta na qual podemos pensar é: Não.
> — Ursula K. LeGuin, *Dancing at the edge of the world*

Visualmente centrado

"É como se eu pudesse ver o todo de alguma coisa, bem como os seus detalhes. Eu não havia notado isso, mas é verdade. Realmente tenho dificuldade para falar dos meus sentimentos — o que sinto em meu corpo — a não ser que, primeiro, fique algum tempo escrevendo sobre eles. Isso me ajuda a juntar tudo."

"Posso ver imagens com os olhos abertos ou fechados. Se estou numa situação difícil, posso realmente estar num filme muito dramático em minha cabeça sem nem mesmo saber disso. Algumas vezes, quando fico furioso ou confuso, a única coisa que me ajuda é caminhar e observar os detalhes visuais do mundo. Isso me traz de volta ao presente e me acalma."

"Estranho. Não pareço sentir muito. Mas, se vejo alguém sentindo alguma coisa, então sinto com ela. Também parece que preciso fazer tudo o que vejo. Uma parede branca na minha frente ajuda a minha concentração."

"Enxergo os dois lados de toda questão — algumas vezes simultaneamente! Observar a natureza ajuda a equilibrar-me de alguma maneira. Ler também me transporta para longe e, por isso, gosto tanto de ler. Quando estou na cama com o meu marido e olho para ele, só consigo encontrá-lo, mas se olho pela clarabóia, para as estrelas, eu me encontro novamente."

"Se crio a imagem de um lugar agradável em minha mente, o meu corpo relaxa e eu estou lá por um momento. Isso funciona realmente bem na cadeira do dentista. Também emprego uma técnica semelhante quando preciso falar para um grupo de pessoas. Apenas imagino cada uma delas como uma criança, sobreposta ao seu rosto adulto, e as palavras fluem com muito mais facilidade."

Cinestesicamente centrado

"Estou sempre fazendo alguma coisa. Gosto de ação. A princípio, pensei que isso significasse que minha

> Os defensores da virtude são um constrangimento incômodo para qualquer sociedade; eles nos forçam a fazer escolhas: ou ficamos ao seu lado, o que é difícil e perigoso, ou os condenamos, o que provoca a autotraição.
>
> — Edward Abbey

mente consciente era despertada cinestesicamente, mas acho que sou tão ativo para continuar são e para me ajudar a separar tudo em que estou pensando. Minha mente foge comigo e o movimento me relaxa em vez de me despertar, como acontece com as pessoas conscientemente cinestésicas. Se não corro nem ando de bicicleta todos os dias, fico um caco."

"Sim, eu 'malho' antes de dormir! Sou um homem de negócios com os sentimentos de uma bailarina! Eles quase têm vida própria. Se me mantiver muito ativo e for bem rápido, não posso senti-los. Conseqüentemente, quase nunca vou devagar."

"Se não percebo o que estou sentindo e paro de dançar, que é a minha malhação, fico doente ou me machuco de alguma forma. Meu corpo é o meu barômetro. Se estiver vivendo os sentimentos dos outros, fico doente. É como se o meu corpo estivesse tentando empurrar a minha mente de volta para casa. Adoro ajudar as pessoas a falar sobre os seus sentimentos. Toda a minha vida gira em torno disso."

Auditivamente centrado

"Para perceber o que realmente está acontecendo dentro de mim, preciso falar com alguém. Minha maneira de falar comigo, na minha mente, afeta todo o meu estado mental. Não confio na minha voz interna por muito tempo. Apenas continuo indo e vindo, indo e vindo. Eu não saberida dizer se o que estava lá dentro era a minha voz ou alguma coisa que ouvi de alguém no passado."

"Detesto repetir sempre a mesma coisa, mas, algumas vezes, percebo estar fazendo justamente isso, porque estou tentando resolver as coisas, convencer alguém ou a mim mesmo. Também conto muitas histórias. Meu cérebro conta-as naturalmente. As pessoas riem com as minhas metáforas, mas não consigo falar sem elas."

Se o amor é a resposta, você poderia reformular a pergunta, por favor?

— Lily Tomlin

"Improviso quando falo para grupos. Se decoro aquilo que vou dizer, fico parecendo um zumbi. Minha voz transmite o que estou sentindo. Assim que outra pessoa começa a falar, fico sabendo muita coisa a seu respeito, de uma forma intuitiva que não consigo descrever. Isso me deixa louco."

"Se fico algum tempo perto de alguém com sotaque, começo a falar como ela. Talvez seja por isso que escrevo ótimos diálogos. Mas quando quero escrever com a minha voz, preciso do mais completo silêncio. Também tenho medo de que as minhas palavras possam ofender alguém. Provavelmente, é por isso que não digo coisas muito definitivas ou de maneira direta."

Mapa de gatilhos para estados de consciência

Agora chegou a hora de dizer que os mapas ajudam algumas pessoas a aprender; mas outras ficam apenas confusas porque vêem a si mesmas em tudo o que lêem. Se os mapas o deixam confuso, isso talvez indique que sua mente subconsciente esteja sendo despertada. Ou talvez você só goste de mapas com poucas palavras, preferindo símbolos visuais. Isso pode indicar que sua mente inconsciente esteja sendo despertada pela informação visual. Se você adorar os mapas a seguir, e se eles foram esclarecedores, então, talvez sua mente consciente seja despertada pela informação visual, como a minha.

Gatilhos para estados de consciência

Se a atividade cinestésica desperta:	Se a atividade auditiva desperta:	Se a atividade visual desperta:
MENTE CONSCIENTE	MENTE CONSCIENTE	MENTE CONSCIENTE
• aprende mais facilmente fazendo	• aprende mais facilmente discutindo	• aprende mais facilmente lendo, observando
• acesso imediato às sensações físicas	• acesso imediato a nomes, ao que foi dito	• acesso imediato à maneira como as coisas são
• faz as coisas com lógica	• diz coisas com lógica, sem hesitação	• escreve coisas com lógica
• o movimento é forte, direto	• descreve idéias abstratas com linguagem complexa	• apresenta e ilustra idéias
• vai e vem, constantemente em movimento	• fala constante e intensa	• contato visual constante e intenso
• o toque energiza, deixa alerta	• falar energiza, deixa alerta	• escrever energiza, deixa alerta
• o toque é casual, natural	• o contato verbal é casual, natural	• o contato visual é casual, natural
• organiza-se em pilhas	• organiza-se falando sobre o que precisa ser feito	• organiza-se em listas

Gatilhos para estados de consciência (*cont.*)

Se a atividade cinestésica desperta:	Se a atividade auditiva desperta:	Se a atividade visual desperta:
MENTE SUBCONSCIENTE	**MENTE SUBCONSCIENTE**	**MENTE SUBCONSCIENTE**
• o movimento ajuda a organizar os pensamentos	• falar ajuda a separar pensamentos	• escrever/desenhar ajuda a separar pensamentos
• com freqüência, sente a energia reprimida	• ouve os dois lados de uma história	• vê as coisas de duas direções
• sentimentos logo abaixo da superfície	• metáforas logo abaixo da superfície	• visões logo abaixo da superfície
• com freqüência é puxado em duas direções	• pode ouvir a voz interior enquanto escuta palavras de fora	• pode ter visões com os olhos abertos ou fechados
• gestos com as mãos acompanham as palavras	• pode hesitar um pouco para encontrar palavras	• precisa olhar para o lado para encontrar palavras
• sente aquilo que vê ou escuta	• pode ouvir o todo e os detalhes numa conversa	• pode ver o todo e os detalhes
• toque/movimento é a ponte entre os mundos interior e exterior	• as palavras são a ponte entre os mundos interior e exterior	• a visão é a ponte entre os mundos interior e exterior
MENTE INCONSCIENTE	**MENTE INCONSCIENTE**	**MENTE INCONSCIENTE**
• sente o todo de alguma coisa	• ouve o todo de alguma coisa	• vê o todo de alguma coisa
• não gosta de fazer as coisas da mesma maneira, repetidamente	• não gosta de falar de forma detalhada para grupos de pessoas	• não gosta de escrever coisas detalhadas da mesma maneira, repetidamente
• precisa de instruções verbais ou visuais para aprender a fazer coisas novas	• pode esquecer nomes, iniciais, pode demorar para acessar palavras	• tímido e sensível ao contato visual prolongado
• precisa fechar os olhos para acessar as sensações corporais	• detesta que as pessoas acrescentem palavras	• o estímulo visual pode ser esmagador
• os sentimentos podem ser esmagadores	• as palavras podem ser esmagadoras	• a informação visual encanta
• muito sensível e tímido ao toque	• pode ouvir harmonias internamente	• as visões geram idéias
• o toque encanta	• sensível ao tom de voz	• vê as coisas criativamente
• o movimento gera idéias	• a informação auditiva encanta	
• faz as coisas de maneira não-linear, criativamente	• os sons geram idéias	
	• ouve as coisas criativamente	

Prática: Observando como a vida o afeta

* *Vamos explorar a coreografia natural dos diferentes estados de consciência, de dentro para fora. Não estamos procurando o seu padrão, apenas observe o que puder naquilo que o ajuda a refinar, definir e organizar o seu pensamento, escolher possibilidades e gerar idéias. Para descobrir o que desencadeia diferentes estados de consciência, comece observando as associações. Por exemplo, se você sai caminhando para um lugar qualquer ou faz uma massagem nos pés, como a sua mente é afetada? Ela se expande ou se contrai? Como a informação cinestésica afeta o seu estado de consciência?*

> Diga-me em que você presta atenção e eu lhe direi quem você é.
> — Jose Ortega y Gasset

* *Agora, gostaria de convidá-lo a tocar uma música desconhecida — qualquer uma que você considere o seu tipo preferido, porém novo para você. Observe como o fato de escutá-la afeta o seu estado mental. O que acontece quando você ouve rádio ou uma palestra? Como essa informação auditiva o afeta?*

* *Finalmente, a informação visual. Quando você lê ou assiste a um filme, passeia por um museu ou uma loja, sem estar procurando nada em particular — apenas olhando — o que acontece com a circunferência da sua mente? Ela se expande ou se contrai?*

* *Ao examinar as suas respostas para a prática acima, observe como as diferentes informações afetaram a sua consciência: qual delas parecia fazê-lo "viajar" mais, espalhar a sua mente como água, levá-lo para dentro de si mesmo, ligá-lo a lembranças ou metáforas?*

* *Qual delas o deixou mais alerta, mais próximo da sua mente consciente, de uma percepção aguda da realidade exterior?*

* *Qual delas o levou à "terceira do meio", entre as percepções interna e externa, equilibrado-se nos dois lugares?*

Em geral, as pessoas flutuam para trás e para a frente nessas correntes de pensamento, sem perceber onde estão ou que linguagem perceptiva está desencadeando determinado estado em sua mente. Se essa prática não o deixou certo de como sua mente está processando informações, apenas continue observando a si mesmo, com curiosidade e compaixão. Os capítulos seguintes irão ajudá-lo a determinar como combinar tudo dentro do seu padrão pessoal de pensamento. Lembre-se: é tudo uma questão de prática!

4

A verdadeira natureza das nossas diferenças

Somos todos tão diferentes principalmente porque temos diferentes combinações de inteligências. Se reconhecermos isso, acho que, pelo menos, teremos melhores chances de lidar adequadamente com os diversos problemas que enfrentamos no mundo.

Howard Gardner

Este capítulo apresenta um resumo da habilidade global abordada neste livro — a descoberta do padrão pessoal de pensamento que sua mente usa para acessar sua inteligência natural. Ele oferece diversas maneiras para descobri-lo, porque é importante conhecê-lo e diferenciar o seu padrão de pensamento da sua personalidade.

Qualquer um que tenha passado algum tempo com crianças, ou sendo criança, sabe tudo a respeito de diferenças individuais. Ao ouvirmos a conversa de pais num parque ou de professores num saguão de universidade, não é raro escutarmos comparações como: "Sally é muito ativa, mas Justin fica contente apenas observando o mundo". Eles falam dos traços que os deixam felizes e daqueles que os enlouquecem — como Ted, que nunca consegue ficar quieto, como Rosita, que está sempre perguntando "por quê?", como Katie, que é tão limpa e arrumada, Reggie, que é o mais tranqüilo da família ou como Lana, que sempre foi boa com as mãos. Essas coisas simples, do dia-a-dia, que destacam cada criança são características que, num nível mais sofisticado, irão ajudá-lo a conhecer os seus padrões de pensamento, assim como os dos outros.

> Diga-me e eu me esquecerei.
> Mostre-me e eu lembrarei.
> Envolva-me e eu compreenderei.
> — Confúcio

Isso não é tão complicado quanto possa parecer. Considere-se um detetive, reunindo muitas pistas, investigando aquilo que já sabe a respeito de si mesmo e tornando-se consciente dos comportamentos ou das características que você talvez considere garantidos. Pense nisso como uma aventura fascinante que o levará a dizer: "Ah!, então é por isso!". Como descobrimos no capítulo anterior, cada um dos três níveis de consciência é mais sensível a apenas uma linguagem simbólica. Conseqüentemente, há seis possíveis seqüências que o cérebro pode usar para processar informações: três possibilidades para a mente consciente, ou três diferentes limiares elevados como acabamos de verificar. Isso deixa dois limiares para a mente subconsciente e um para a mente inconsciente. Portanto, há seis diferentes possibilidades (veja quadro na p. 79).

Assim, se sua mente consciente é despertada pelos sinais auditivos (A), a mente subconsciente por sinais cinestésicos (C) e a mente inconsciente por sinais visuais (V), essa abordagem chamaria o seu padrão de pensamento de ACV.

Cada um deles reflete um fluxo natural de aprendizagem e auto-expressão, a experiência de dar e de receber, enquanto o sistema opera em equilíbrio. Como exemplo, uma vez que a minha mente usa o padrão VAC, se eu fosse pensar no meu amigo Sam, veria um rápido *flash* da sua aparência, do que ele vestia, como seu cabelo estava cortado, seu nome escrito numa carta. Se aprofundasse mais

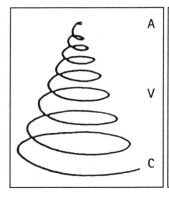
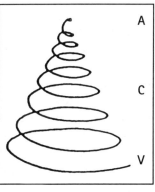

Quando aprendemos alguma coisa, as células em muitas partes do cérebro aprendem um novo ritmo de disparo correspondente à aprendizagem. A lembrança do que é aprendido não é encontrada em nenhuma região específica do cérebro, mas nessa célula única, com esse ritmo de disparo. Os ritmos do cérebro são tão ou mais importantes do que a maneira como ele é organizado.
— Daniel Goleman e E. Roy John, "How the Brain Works — A New Theory". *Psychology today*

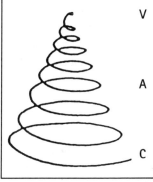
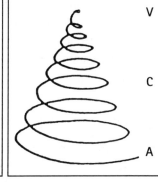
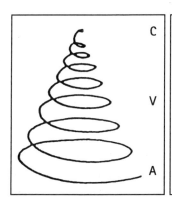
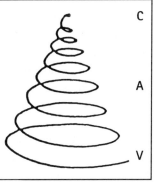

os meus pensamentos, poderia lembrar das palavras agradáveis de uma conversa que tivemos e de estar dizendo a mim mesma: "Eu realmente gosto de estar com esse homem. Ele é tão sincero. Sam é alguém em quem posso confiar". Essas palavras poderiam desencadear sentimentos distantes de plenitude em meu peito e, se eu continuasse com eles por algum tempo, provavelmente poderia recordar a sensação dos seus braços ao redor dos meus ombros.

Portanto, meu cérebro usa as três linguagens simbólicas para "pensar". Como esse pensamento é metabolizado, a lembrança visual surge em primeiro lugar e, para mim, parece mais a "realidade" consciente, organizada. O diálogo auditivo ou as descrições verbais estão logo abaixo da superfície, no meu pensamento subconsciente, e demoram mais para serem acessadas. Os sentimentos, o toque, o movimento e as ações, apesar de muito profundos, vêm do fundo da minha mente inconsciente e, em geral, não "penso" neles. Normalmente, a minha mente percorre esse padrão Visual-Auditivo-Cinestésico.

> Aprendo com as minhas mãos, com os meus olhos e com a minha pele o que nunca consigo aprender com o meu cérebro.
> — M.C. Richards, *Centering*

Distinguindo personalidade e percepção

Parece que, em algum ponto do nosso desenvolvimento neurológico, o cérebro escolhe uma seqüência com um padrão específico para os canais consciente, subconsciente e inconsciente, para organizar eficientemente as experiências. Recebemos informações em todos os três níveis de pensamento, mas, até onde sabemos, não é possível, por exemplo, a informação auditiva despertar ondas beta e alfa no mesmo cérebro. Já ouvi falar de pessoas que juram conhecer alguém auditivo na frente, no meio e atrás. Isso tornaria o seu padrão AAA (auditivo, auditivo e auditivo). Você até pode achar que conhece alguém assim. Entretanto, cada um de nós, a não ser que sejamos neurologicamente deficientes, é afetado por informações auditivas, visuais e cinestésicas. Não é possível escapar da entrada e do impacto de cada uma delas.

Esses padrões de pensamento tornam-se tão naturais quanto o fato de sermos destros ou canhotos. Tão naturais quanto a água é para o peixe. Por viver nela o tempo todo, o peixe nem mesmo a percebe.

O mesmo fenômeno acontece com os padrões com os quais filtramos as nossas experiências. Por serem tão naturais, em geral não temos nenhuma consciência de *como* estamos percebendo o mundo; assim, pensamos nas nossas diferenças apenas em termos de traços de personalidade.

É muito importante compreender que, embora duas pessoas possam ter o mesmo instrumento, suas personalidades podem ser muito diferentes. Dois violinos podem tocar músicas muito diferentes e, mesmo assim, continuam sendo violinos. Não se trata de saber quem é você — não é um novo tipo de signo astrológico. Trata-se apenas de saber como a sua mente processa as informações.

Por exemplo, Melissa e Peris usam o padrão AVC. Eles falam fluentemente, com freqüência, articuladamente. Sua idéia de diversão é uma longa e detalhada conversa sobre idéias e conceitos. Nenhum deles se mexe muito durante a conversa e o contato visual é constante. Contudo, se fossem observados a partir do nível da personalidade, tudo o que perceberíamos seriam as diferenças. Peris adora contar piadas sujas, fala muitos idiomas e parece muito animado durante a conversa. Algumas pessoas poderiam chamá-lo de extrovertido. Melissa, por outro lado, é extremamente séria, fica constrangida com qualquer referência a sexo e não fala nenhum outro idioma. A maioria das pessoas a descreveria como uma pessoa calma e introvertida. Para encontrar as suas semelhanças, é preciso reconhecer a semelhança entre a sua maneira de processar as experiências.

> O maior inimigo de qualquer uma das nossas verdades pode ser o resto das nossas verdades.
> — William James

Qual a importância de conhecer o seu padrão de pensamento? Voltemos às pessoas descritas no Capítulo 2.

Você se lembra de Sally e do seu filho rebelde? O cérebro deles processava a informação de maneiras opostas — o dela usava o padrão AVC e o dele, o CVA. Mas, em vez de desqualificá-lo, rotulando-o de rebelde e afirmando que ele precisava tomar remédio, ela poderia perceber que a sua necessidade de movimento e toque não era crueldade. O fato de golpear a árvore era simplesmente o seu jeito de estimular de forma cinestésica a mente consciente. Talvez isso pudesse fazê-la avaliar como o toque era importante para o seu filho.

Ou Jim e Susan, o casal que não conseguia nem mesmo sair junto confortavelmente? Talvez o padrão de Susan fosse VAC e o de

Jim CAV. Para ele, seria natural tocar casualmente ou até mesmo fazer amor. Contudo, para Susan, tocar ou fazer amor seria experiência muito profunda, que não começaria com o contato, a forma máxima de intimidade. Da mesma maneira, Susan poderia compreender que o fato de Jim não olhar para ela, não significava que ele não a amava. Ela poderia compreender que a sua sensibilidade visual era muito semelhante à sensibilidade cinestésica dele e, assim, construir uma ponte entre os dois.

> Como as impressões digitais e as vozes, o estilo de aprendizagem de cada pessoa é diferente. Ele determina como os alunos abordam uma tarefa e lembram informações. Ele também mostra o que eles sabem numa prova.
>
> — Lynn O'Brien, *NASSP Bulletin*, outubro, 1989.

E Matt, o nosso professor e treinador? Sua mente usava o padrão ACV. Se ele compreendesse isso, uma das coisas que poderia fazer para ajudar a si mesmo nos estudos seria caminhar e gravar a voz. E quando ele sentasse para fazer uma prova escrita, poderia fechar os olhos por um momento e lembrar-se do ambiente, da sua experiência cinestésica ao estudar a matéria. Isso faria o seu cérebro acessar a matéria com muita facilidade.

E Joyce, a nossa estudante de medicina? Como sua mente usava o padrão CVA, a chave para tratar-se com compaixão seria compreender que o ato de ficar em pé diante de um grupo e falar é uma experiência bastante desafiadora para qualquer pessoa com esse padrão. Isso a faria enxergar que a possibilidade de usar diagramas ou um modelo para ilustrar o que ela vai falar poderia fazer as palavras fluírem com muito mais facilidade.

Adoro essas informações porque elas nos dão poderes. Você começará a compreender como pode ser fácil assumir o controle dos momentos em que você "viaja" e daqueles em que não "viaja"; o processo é tão simples quanto ficar em pé e andar ou fechar os olhos e balançar para trás e para a frente. Os velhos fantasmas da dúvida e do desânimo podem ser substituídos por uma nova consciência e autovalorização.

Caça ao tesouro: seguindo as pistas

Vou compartilhar com você diferentes maneiras para descobrir o seu padrão: uma prática, um inventário, alguns retratos e descrições de características de cada padrão e algumas dicas para se comunicar com cada um deles. Mas, antes de continuarmos, gostaria de dizer que a maneira como você fará essa viagem é tão importante quanto o seu destino.

Ao tornar-se curioso a respeito de como a sua mente processa informações, tente observar todo o padrão. Com freqüência, as pessoas se confundem, considerando apenas uma característica específica, presumindo que ela indica o seu padrão. Porém, mais importante do que qualquer característica, é o inter-relacionamento e a seqüência.

Além disso, não espere encaixar-se exatamente em nenhuma das descrições; ninguém se encaixa. Cada padrão possui um conjunto de comportamentos e qualidades essenciais constante, habitual e confortavelmente manifestado pela maioria das pessoas, mas somos *todos* exceções às regras. Há amplas variações entre pessoas do mesmo padrão — existem VACs que são atléticos, ACVs que lêem muito e VCAs que falam eloqüentemente.

Outra coisa muito importante a ser compreendida no que se refere à sua inteligência natural é o fato de que saber como ela processa a informação não significa que há um limite para o que você pode ou não fazer. Qualquer um pode fazer qualquer coisa, da mesma maneira que você pode tocar qualquer música em qualquer instrumento. Se, por exemplo, a sua consciência teta é despertada pela informação cinestésica, isso não significa que você não goste de esportes. Na verdade, você pode considerá-lo sagrado. Isso também não significa que você não aprecie o toque, mas talvez você não aprecie o toque *casual.* Mas o toque pode ter um efeito muito profundo na mente inconsciente, porque está sendo experimentado no estado de consciência mais receptivo.

> Todos os caminhos levam ao mesmo objetivo: transmitir aos outros quem somos. E devemos experimentar a solidão e a dificuldade, o isolamento e o silêncio, para alcançar o lugar encantado onde possamos dançar a nossa dança desajeitada e cantar a nossa triste canção...
> — Pablo Neruda

Se você já descobriu o seu padrão ou simplesmente tem uma série de pistas, porém nenhum palpite, sugiro que use sua mente como uma lente *zoom* enquanto continua o processo. Vá e volte, prestando atenção num determinado comportamento e levando para dentro a totalidade de quem você sabe que é. Evite concentrar-se numa característica ou num canal e fazer suposições sobre um padrão.

Pare e sinta curiosidade, para que o seu padrão se torne um ninho em lugar de um compartimento, uma maneira de ligar você a si mesmo e a outras pessoas, em vez de uma maneira de colocar cada um em pequenas caixas. Afinal, a sua singularidade é a sua verdadeira inteireza.

Prática: Descobrindo o seu padrão de dentro para fora

Como descobrir o padrão da *sua* mente? Você encontrará pistas no dia-a-dia, naquilo que você adora ou detesta fazer, que é importante ou frustrante, que tem sido um esforço contínuo. Você detestava ginástica quando era criança? Você precisa ver o quadro completo? Você acha difícil ficar acordado enquanto escuta uma palestra? Você consegue andar e falar ao mesmo tempo? Aquilo que o confunde, que o faz "viajar" ou o estimula, que dificulta a sua concentração são todos indicadores de como a sua mente processa os dados.

Eis uma prática para ajudá-lo a começar:

Alunos que são ensinados da maneira como acreditam aprender, apresentaram escores mais elevados em testes de conhecimento, atitude e eficiência do que aqueles ensinados de maneira dissonante com a sua orientação.
— George Domino, *ACT Research Report*, 1970

Observe como você pensa em alguma coisa: não o conteúdo dos seus pensamentos, mas o processo utilizado para pensar neles. Por exemplo, se eu lhe pedisse para pensar em quantas maçanetas existem na sua casa, você poderia me dizer: "Johnny Garcia construiu a nossa casa. Ele queria saber se desejávamos portas com ou sem venezianas. Tivemos uma discussão sobre a possibilidade de colocar uma porta divisória no corredor do banheiro..." Isso me mostraria o conteúdo dos seus pensamentos.

Se, ao contrário, você disser que percebeu que quando pensou na quantidade de portas da sua casa, primeiro viu os corredores e sentiu-se como se estivesse caminhando neles, isso estaria mostrando como você pensa nessa lembrança. Observar o processo significa observar como você pensa no conteúdo.

Inicialmente, essa maneira de observar pode parecer tão desajeitada quanto segurar um bebê pela primeira vez. Tenha paciência consigo mesmo, respire e relaxe. Apenas observe o processo que você usa para pensar na quantidade de portas da sua casa e a seqüência da linguagem simbólica utilizada no processo.

Inventário do padrão de pensamento pessoal

Pode ser tentador rotular os outros e a nós mesmos. Mas esse sistema existe, precisamente, para nos ajudar a nos afastarmos de noções rígidas de identidade. Portanto, pense no inventário a seguir como um guia — um mapa que você pode usar para ampliar os seus horizontes e aprofundar a sua avaliação sobre si mesmo e os outros.

Marque a resposta que melhor combina com a sua experiência. Ao terminar, volte e verifique qual padrão surgiu com mais freqüência e compare-o com as descrições de cada padrão nos capítulos a seguir.

Se não houver predominância de nenhum padrão, talvez você seja influenciado por variáveis únicas, acima dos parâmetros desse inventário elementar — ou pode ter o padrão CVA, que tende a se ver em tudo!

Daquilo que você pode observar imediatamente,

1. Como você descreveria a sua maneira de falar?

> A viagem da descoberta não consiste em encontrar novas paisagens, mas em ter novos olhos.
> — Marcel Proust

- As palavras saem confiantemente, em ordem lógica, sem hesitação, usando um vocabulário detalhado e direto
  AVC, ACV

- Tímido ou inibido para falar em grupos   VCA, CVA

- Usa metáforas livremente ("É como um ciclone, um redemoinho") algumas vezes precedidas por "Humm" ou uma breve hesitação   VAC, CAV

- Faz movimentos com as mãos antes de falar; precisa usá-las ou se movimentar para encontrar palavras
  VCA, CAV

85

- Fala em círculos; faz perguntas intermináveis
VCA, CVA

2. Como você descreveria a sua maneira de fazer contato visual?
   - Mantém contato visual firme, persistente   VCA, VAC
   - Abaixa os olhos; com freqüência, desvia o olhar
   ACV, CAV
   - Os olhos ficam vidrados após escutar durante muito tempo
   CVA, VAC

3. Do que você se lembra com mais facilidade?
   - Do que foi dito; de letras de músicas, de nomes de pessoas; memoriza apenas repetindo alguma coisa
   AVC, ACV
   - Do que foi lido ou visto; rostos de pessoas; memoriza escrevendo alguma coisa repetidamente   VCA, VAC
   - Do que foi feito ou experimentado; a sensação ou o cheiro; memoriza fazendo alguma coisa repetidamente
   CAV, CVA

4. Como você descreveria a sua interação física com o mundo?
   - Constante e confiantemente em movimento   CAV
   - Pode ficar quieto por longos períodos
   AVC, VAC
   - Ao aprender uma atividade física, inicialmente pode sentir-se desajeitado, frustrado   AVC, VAC
   - Aprende tarefas físicas com facilidade, observando e fazendo com pouca ou nenhuma instrução verbal
   VCA, CVA
   - Elevado nível de energia, logo abaixo da superfície   ACV, VCA

5. O que tem maior probabilidade de fazê-lo "viajar" ou distraí-lo?
   - Excesso de detalhes visuais; ser questionado sobre os detalhes do que viu   CAV, ACV

Eu não pinto coisas. Eu pinto as diferenças entre as coisas.
— Henri Matisse

- Excesso de palavras detalhadas; ser questionado sobre os detalhes do que ouviu VCA, CVA
- Excesso de opções de atividades; ser questionado sobre o que sentiu no corpo AVC, VAC

6. De que maneira você se sentiria mais confiante dando informações a um grupo?
- Apresentação visual (mapas, fotografias, *slides*, informação escrita) VAC, VCA
- Apresentação oral AVC, ACV
- Atividades de participação CVA, CAV

7. O que você lembra com mais facilidade a respeito de pessoas que conheceu recentemente?
- O que vocês fizeram juntos ou como você se sentiu a respeito delas CAV, CVA
- Da sua aparência VCA, VAC
- Do seu nome ou do que conversaram AVC, ACV

8. O que é mais importante quando você escolhe as roupas que vai usar?
- Como você se sente nelas; quão confortável elas o deixam CAV, CVA
- As cores VCA, VAC
- O que elas dizem a seu respeito; o que lhe agrada AVC, ACV

Os seis padrões: uma topografia mental

Nas páginas 88 a 91 há um mapa comparativo de características para referência rápida. Cada um dos seis padrões é explorado em profundidade num capítulo próprio, que será apresentado a seguir.

Categoria	ACV alerta com palavras, visualmente sensível	AVC alerta com palavras, cinestesicamente sensível	CVA alerta com o corpo, auditivamente sensível
Características da linguagem	Interage facilmente por meio da fala. Possui um vocabulário extenso. Fala com muito sentimento e ritmo. Gosta de dizer aos outros o que devem fazer (líder natural).	Interage facilmente por meio da fala. Possui vocabulário extenso. Fala com lógica sobre fatos, idéias, conceitos. Gosta de discutir idéias.	Geralmente tem voz suave. Fala de forma concisa. Raramente fala em grupos. Precisa de silêncio para encontrar palavras.
Características visuais	Não consegue manter contato visual. Vê o quadro inteiro. Faz desenhos simples. Escrita confusa, estilo único.	Faz contato visual constante — pode piscar mais do que o normal ou ficar agitador Pode perceber os detalhes e o "quadro maior" simultaneamente. Pode ficar mudando imagens na mente. Escrita de difícil leitura.	Faz contato visual constante — pode piscar ou ficar agitado. Pode perceber os detalhes e o "quadro maior" simultaneamente. Pode ver imagens mentais sob diversos ângulos.
Características físicas	Energia reprimida logo abaixo da superfície. Gosta de esportes (bons treinadores, atletas). Inicialmente, pode ser cauteloso com relação ao toque.	Pode ter uma vaga sensação do próprio corpo. Pode ficar constrangido, frustrado com atividades físicas — prefere atividades livres (correr, nadar) aos esportes competitivos. Tímido com relação ao toque, reservado sobre seus sentimentos.	Interage melhor fazendo alguma coisa em conjunto — contato físico. Adora atividade, movimento, fazer coisas. Gosta de tocar e de ser tocado. Em geral, é bem coordenado (atleta natural).

Categoria	ACV alerta com palavras, visualmente sensível	AVC alerta com palavras, cinestesicamente sensível	CVA alerta com o corpo, auditivamente sensível
Aprendizagem, forças e desafios	Possível dificuldade para ler, escrever, soletrar. Pode aprender idiomas (de ouvido) com maior facilidade.	Aprende facilmente por meio de discussões e palestras. Pode aprender idiomas (de ouvido) com maior facilidade.	Aprende facilmente fazendo, por meio de técnicas experimentais. Pode ler bem se for ensinado, mais experimental do que foneticamente.
Problemas típicos	Interrompe os outros. Pode magoar as pessoas com sarcasmo, piadas.	Interrompe os outros. Monopoliza as conversas.	Grande dificuldade para expressar os sentimentos com palavras.
Frustrações	Difícil encontrar satisfação, transformando visões em realidade.	Difícil aprender habilidades físicas sem palavras ou estímulos visuais complementares.	Interesses bastante variados (como desenhar e praticar hóquei sobre o gelo).
Talentos naturais	Pensador visionário. Deseja inspirar os outros.	Grande comunicador. Deseja ajudar os outros a compreender.	Deseja unir elementos diferentes.
Pessoas famosas	John F. Kennedy, Julia Child, Adolf Hitler.	Ronald Reagan, Barbra Streisand, Robin Williams.	Benjamin Franklin, Toni Morrison, Albert Einstein.

Categoria	ACV alerta com palavras, visualmente sensível	AVC alerta com palavras, cinestesicamente sensível	CVA alerta com o corpo, auditivamente sensível
Características de linguagem	Gosta de falar sobre experiências pessoais. Gosta de contar histórias. Bom no ensino de atividades, explicação de movimentos. Utiliza as mãos para encontrar palavras.	Fala com sentimento e ênfase. Adora contar histórias. Fala alto para organizar idéias e tomar decisões.	Sente a informação visual. Precisa de estímulo visual para pensar com clareza. Energia reprimida logo abaixo da superfície. Relaciona-se mais facilmente com os outros pelo contato visual.
Características visuais	Não consegue manter contato visual. Pode perceber imediatamente o todo de alguma coisa. Raramente consciente de imagens visuais. Interage melhor fazendo coisas em conjunto, contato físico.	Relaciona-se mais facilmente com os outros pelo contato visual. O rosto revela os sentimentos. Gosta da ordem visual. Pode ficar quieto por longos períodos.	Relaciona-se mais facilmente com os outros pelo contato visual. Sente a informação visual. Precisa de ordem visual para pensar com clareza. Energia reprimida logo abaixo da superfície.

Categoria	ACV alerta com palavras, visualmente sensível	AVC alerta com palavras, cinestesicamente sensível	CVA alerta com o corpo, auditivamente sensível
Características físicas	Constantemente em movimento, fazendo.	Pode ter uma vaga sensação do próprio corpo; precisa fechar os olhos para sentir.	Aprende esportes com facilidade.
	Gosta de tocar e ser tocado.	Pode ficar constrangido, frustrado com atividades físicas — prefere atividades livres (correr, nadar) aos esportes competitivos.	Tem fácil acesso às sensações corporais, com os olhos abertos.
	Em geral bem coordenado (atleta natural).	Tímido com relação ao toque, reservado sobre seus sentimentos.	Gosta de esportes organizados, competitivos.
			Pode confundir os sentimentos e sensações dos outros com os seus.
Aprendizagem, forças e desafios	Aprende facilmente fazendo, por meio de técnicas experimentais.	Aprende bem lendo e falando ou ensinando outras pessoas.	Aprende facilmente observando, depois fazendo, sem palavras ou anotações.
	Pode aprender bem por meio de discussões.	Dificuldade para aprender fazendo e com aulas de habilidades físicas, estruturadas.	Dificuldade com leitura oral e relatórios, palestras, discussão em grupo.
Problemas típicos	Dificuldade para encontrar saídas positivas para a energia.	Exibido.	Pode reclamar e se queixar.
		Pode ser excessivamente prestativo para causar uma boa impressão.	Pode concordar demais com a maioria.

Prática: Mais sobre Ann Landers

De uma maneira ou de outra, se quisermos que a evolução humana continue, teremos de aprender a aproveitar a vida mais completamente. Preste atenção nas coisas que produzem esse tipo de (fluxo) experiência em sua vida e explore como aumentá-las.

— Mihaly Csikszentmihalyi, A psicologia da felicidade

Em 1988, um grupo de pessoas, carinhosamente conhecido como o Madison Study Group, tentou forçar-me a ensinar numa das sessões, de que maneira a sua abordagem perceptiva poderia ser usada para melhorar as relações sexuais. Foi uma noite de sábado barulhenta, numa região distante, em Wisconsin, no inverno. Desejando esquentar um pouco as coisas, concordei, Se eles primeiro criassem perguntas para a coluna "Conselho perceptivo de Pamela para os amantes desprezados". A seguir, foi apresentado o resultado dos seus esforços. Você pode conferir o seu domínio dos padrões perceptivos determinando o padrão de pensamento envolvido em cada problema. Se você aprende melhor "colando", as respostas vêm a seguir. (A transcrição da palestra solicitada, que dei mais tarde naquela noite, está na seqüência, neste livro!)

1. *Querida Pamela,*
   Tenho boas notas, uma ótima disposição e uma personalidade brilhante. O problema é que não consigo deixar de me preocupar em fazer papel de boba. Só consigo pensar na minha imagem, em como as outras pessoas me vêem. Estou fazendo terapia e o meu ego está do tamanho de uma ervilha, mas ainda tenho medo de ser vista. Alguma sugestão?
   Invisivelmente sua,
   E. Clipse

2. *Querida Pam,*
   Eis uma nova para você. Meu sócio comprou protetores de orelhas! É verdade! Ele os coloca sempre que estamos juntos numa reunião e eu começo a falar. Não tenho muita paciência com pessoas que nos impedem de realizar o nosso trabalho, entende o que quero dizer? Sou bom para assimilar informações e descobrir exatamente o que precisa ser

feito e, então, faço ou peço para alguém fazer. Agora, o que há de errado nisso? Eu lhe digo — nada! É ele quem tem problemas, certo? Certo!
Ofendido,
Mike Crofone

Uma vida em que se cometem erros não é apenas mais digna, mas muito mais útil do que aquela em que se vive sem se fazer nada.
— George Bernard Shaw

3. *Querida Pam,*

Minha namorada está viciada numa entidade. Sério. Ela vai nesse cara esquisito que, obviamente, tem múltipla personalidade e lhe paga uma fortuna para dizer o que ela deve fazer. Então, ela volta para casa e parece um gravador. Pergunto sobre o jantar e ela me olha sem expressão e diz: "As correntes cósmicas estão dizendo que devemos comer grama". Será que ela está possuída? Ele está arruinando a nossa vida, mas ela insiste em afirmar que está mais feliz do que jamais esteve e que vai mudar para o seu Centro para Expandir a Luz. Como agüentar isso?
Assinado,
Enfeitiçado, Entediado e Aturdido

4. *Querida Pamela,*
Adormeço quando começo a ler. Você acha que sou narcoléptico? Leio o título do livro e "já era". Se acabei de tomar uma xícara de café e leio, ainda assim saio do ar — a minha mente cai direto em cima da página. A próxima coisa que sei é que é de manhã e que acabei de ler o livro, mas não consigo me lembrar de uma palavra do que li. Isso fez com que a escola fosse um grande desafio, mas, o pior, é que sou casado com uma escritora que sempre quer que eu leia o seu material. Ela me mandou poemas eróticos e eu os li antes de dormir. Na tarde seguinte, quando tentei lembrar-me daqueles que mais me agradaram, não conseguia me recordar de uma palavra do que havia lido.
Mais uma coisa: ela detesta a minha maneira de vestir. Gosto de roupas confortáveis, entende? Ela está sempre dizendo que pareço um palerma, mas se eu me vestisse como ela quer

93

não conseguiria fazer nada. O que devemos fazer? Por favor, me ajude, ela está mal-humorada e eu estou no escuro.
Assinado,
Ponto cego

5. *Querida Pamela,*
Tio Lou e eu não conseguimos nos dar bem. Eu não quero ir para casa no Dia de Ação de Graças porque ele fica horas sentado à mesa, contando uma piada atrás da outra. Não consigo dizer uma palavra. Sinto vontade de atirar uma coxa de peru nele. Tentei criar um tipo de ligação, mas ele transforma tudo em discussão. Ele sempre vence — aprendeu todos os truques na faculdade de Direito. Ajude a salvar o nosso feriado.
Muda e Infeliz

Seja um santo louco mudo da própria mente... Não tenha medo nem vergonha na dignidade da sua experiência, linguagem e do seu conhecimento.
— Jack Kerouac

Pamela responde:

1. Provavelmente, senhora Eclipse, o seu padrão é VAC; portanto, seria bom aprender a olhar através dos seus olhos, para *fora* e não para dentro, para si mesma, como se estivesse vendo através da câmera oculta de algum banco. Tente ter aulas de desenho com modelos nus. Então, pegue um espelho grande, tire a roupa e faça auto-retratos. Aprenda a se ver como uma obra de arte. Se o corpo inteiro for demais, comece com um pé, um dedo, o braço esquerdo. Quando começar a dizer a si mesma que está fazendo papel de boba, volte para trás dos seus olhos. Se precisar, pegue um caderno de anotações e comece a desenhar o que estiver à sua volta naquele momento.

2. Há uma boa chance de o seu cérebro estar usando o padrão ACV, Mike. Não há nada de errado com você ou com ele! Para ele, os protetores de orelha são como as pálpebras para você. Eis uma prática de compreensão compassiva: na próxima reunião, mantenha contato visual com cada pessoa enquanto ela estiver falando — nada de olhares furtivos pelos cantos. Então, você começará a entender o que o seu sócio sente.

Leve um punhado de argila na próxima reunião e trabalhe-a com as mãos quando começar a ficar impaciente ou levante e dê uma volta. Feche bastante os olhos. Assim, você escutará com maior facilidade. E faça aquilo que você faz bem, ofereça as suas idéias. Não tenha vergonha dos seus talentos. Mas, se o que você quer é harmonia, também precisa escutar. Assim, brinque com a argila enquanto observa o efeito das suas palavras.

Categoria	ACV alerta com palavras, visualmente sensível	AVC alerta com palavras, cinestesicamente sensível	CVA alerta com o corpo, auditivamente sensível
Frustrações	Dificuldade para lidar com informação visualmente detalhada.	Dificuldade para avaliar quanto tempo alguma coisa vai demorar.	Dificuldade para pensar independentemente.
Talentos naturais	Deseja que as ações sejam úteis para os outros.	Grande professor — adora mostrar e ensinar. Deseja iluminar.	Grande parceiro, colaborador. Deseja criar laços entre as pessoas.
Pessoas famosas	Abraham Lincoln, Martina Navritilova, Clint Eastwood.	George Bush, Jacqueline Onassis, Albert Schweitzer.	Thomas Jefferson, Oprah Winfrey, Dalai Lama.

3. A mente da sua namorada provavelmente usa o padrão VCA. A segunda possibilidade é o CVA. Escreva o que você está sentindo — escreva em todo lugar, se necessário — na geladeira, na tampa do vaso sanitário, grude notas no cartão de crédito dela, escreva as suas preocupações na barriga dela com esmalte de unhas enquanto ela estiver dormindo, nas suas costas enquanto lhe faz uma massagem com óleo. Não lhe *diga* o que fazer! Escreva como o que ela está fazendo o está afetando.

> A vida deve ser vivida para a frente, mas só pode ser entendida para trás.
> — Soren Kierkegaard

4. Acho que a sua mente usa o padrão CAV e a da sua esposa, o padrão VAC. Ler é uma experiência profunda para você (como os museus de arte e mesmo determinados programas de televisão e filmes). Seus olhos pegam uma gota e a sua mente a transforma num oceano de visões.

   Faça a sua esposa ler seções selecionadas em voz alta, enquanto você massageia os seus pés ou as suas costas. Use as mãos para descrever como você se sente com os poemas dela. Explique que, para você, ser capaz de determinar a sensação das roupas no seu corpo é tão importante quanto, para ela, é escolher o que lê. Deixe que ela lhe compre pequenos presentes, até ela acertar — uma cueca "samba-canção" rosa-choque, por exemplo!

5. É bem possível que a mente do tio Lou use o padrão AVC e a sua, o CVA. É por isso que ele pode ficar tanto tempo sentado, movimentando apenas os maxilares, e que o seu primeiro impulso é atirar uma coxa de peru na cara dele. Tente uma abordagem diferente. Massageie as costas dele. Garanto que isso irá acalmá-lo. Se parecer pessoal demais, tente jogar cartas. Desenhe as piadas que ele está contando, transformando-as em caricaturas, tome notas ou fique atrás dele e faça caretas enquanto ele fala — todas essas coisas irão ajudar a conectar o denominador comum entre vocês: a mente do meio visualmente estimulada.

Capítulos do padrão pessoal de pensamento

Cada padrão é apresentado em profundidade nos capítulos seguintes, por meio de instantâneos, uma descrição de características e um retrato composto, bem como orientações para progredir e dar apoio. Eles pretendem ajudá-lo a usar essa ferramenta de maneira engenhosa para que você possa confiar na força da própria mente. Eles apresentam exemplos específicos de pessoas de cada padrão, para que você possa reconhecer os talentos e sensibilidades de cada um deles. Os instantâneos foram desenvolvidos durante dez anos, com informações de milhares de participantes de *workshops*. Os retratos foram desenvolvidos durante um seminário de quatro dias em Little Compton, Rhode Island, por pessoas que estudaram e ensinaram essa abordagem durante anos. Os participantes foram divididos em clubes de padrão perceptivo e passaram muitas horas explorando semelhanças e diferenças. As descobertas foram resumidas numa personalidade e apresentadas como um retrato vivo. Assim, cada um deles é uma trama de muitos aspectos, reunidos num representante mítico — com exceção dos CVAs. Esse grupo só conseguia ficar à vontade se uma pessoa falasse por si mesma, descrevendo justamente os aspectos que todos tinham em comum.

5

AVC: Auditivamente alerta, Visualmente centrado, Cinestesicamente sensível

Rir sempre e muito; ganhar o respeito de pessoas inteligentes e o afeto das crianças; merecer a valorização da crítica honesta e suportar a traição de falsos amigos; apreciar a beleza e descobrir o melhor nos outros; tornar o mundo um pouco melhor, seja com uma criança saudável, um canteiro de jardim, uma condição social resgatada; saber que pelo menos uma vida respirou melhor porque você viveu — isso é ser bem-sucedido.

Ralph Waldo Emerson (AVC)

Nossas vidas são como ilhas no mar, ou como árvores na floresta, que entrelaçam suas raízes na escuridão do subsolo.
— William James

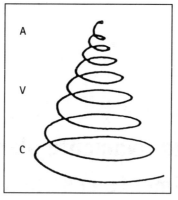

Maneira mais fácil de aprender: ouvir/ver/experimentar

Maneira mais fácil de expressar: dizer/mostrar/fazer

Padrão Instantâneo

Não é difícil identificar os AVCs, pois eles conseguem falar mais do que qualquer pessoa. Na verdade, muitas vezes, são considerados "alertas" porque verbalizam facilmente aquilo que pensam, e acompanham o ritmo de qualquer conversa. Suas palavras jorram em ordem lógica, sem hesitação e de forma direta. Tendem a falar por meio de afirmações, em lugar de perguntas. O conteúdo é amplamente conceitual; o vocabulário é relativamente abstrato e detalhado; eles adoram fatos, história e idéias de todos os tipos. Em geral, são fascinados pela linguagem e, com freqüência, aprendem a falar outros idiomas com facilidade. A música, a palavra falada, o humor e os jogos de palavras são alguns dos prazeres deste padrão.

Os AVCs adoram explicar, debater, discutir e argumentar quase todas as idéias. Estão sempre tentando compreender e querem ajudar os outros a fazer o mesmo. Freqüentemente, usam um vocabulário auditivo, com palavras e frases como "ouvir, dizer, soar, compreender" ou "Isso faz tocar uma campainha", "Falo com você em breve".

Quando falam, tornam-se expressivos, mas, ao se movimentarem, o rosto fica sem expressão. Raramente fazem gestos com as mãos enquanto falam, utilizando-os apenas para enfatizar as suas palavras. Apesar de conseguirem manter contato visual constante, seus olhos piscam e tremem quando tentam manter-se assim por muito tempo. Com freqüência, precisam desviar o olhar para encontrar palavras; normalmente para os lados.

As pessoas cuja mente usa esse padrão muitas vezes ficam tímidas ao serem tocadas e, em geral, têm uma sensação muito vaga do próprio corpo, percebendo-o como um todo e, assim, localizar e dar nomes específicos às sensações pode ser muito difícil. Elas são capazes de ignorar os sinais corporais durante longos períodos. Uma das poucas vezes em que ficam sem fala é quando são questionadas a respeito das suas sensações corporais. Em seu padrão de aprendizagem, não há uma ligação direta entre palavras e sentimentos (A-C); elas precisam de uma ligação visual no meio, ficar em silêncio e criar imagens visuais internas para unir esses dois canais e acessar essa informação. Muitas vezes, em vez de dizer como se sentem, elas expressarão articuladamente os motivos dos seus sentimentos.

> Melhor brigar do que ficar sozinho.
> — Provérbio irlandês

Retrato composto: Amy Victoria Klemens

Como vai? Chame-me apenas de Amy. Muito prazer em conhecê-lo. Organizo grupos de pais e também edito e publico um boletim informativo para pais e professores. Gostaria de falar um pouco da minha vida atual e da minha história, se você me der alguns minutos.

Ensino principalmente mulheres. Mas também sou muito competente na administração de toda a rede de grupos de pais. Pareço ser capaz de lidar com os detalhes diários desse trabalho e, simultaneamente, divulgo a visão geral daquilo que estamos tentando realizar. Eu costumava administrar os grupos locais dos Vigilantes do Peso, onde ajudei mulheres a compreender os motivos de seus distúrbios alimentares.

Meu pai é, era, devo dizer, um alcoólatra, e minha mãe esteve doente durante a maior parte da minha adolescência. Passei anos tentando compreender essa cacofonia mas, apenas recentemente, quando comecei a escrever a seu respeito, o turbilhão de sentimentos que sempre me perseguiu está ficando claro.

Há alguns anos, tenho aulas de canto, mas isso está ficando aborrecedor. Estou muito mais interessada em escrever, desenhar e pintar. Sou bastante competente para entreter pessoas e adoro fofocar. Algumas vezes, sei que falo demais. Contar piadas também é algo que faço naturalmente; talvez esse seja o segredo do meu sucesso.

Afastei-me do conforto seguro das certezas por intermédio do meu amor pela verdade; e a verdade me recompensou.

— Simone de Beauvoir, All said and done

Se você quer me tratar bem, deixe que eu saiba que você se preocupa, lembrando de mim de vez em quando e conversando sobre as dificuldades entre nós, se houver alguma. A pior coisa que você pode fazer é me dar o tratamento do silêncio. Diga o que quer dizer e faça o que diz. Quando trocamos nossas verdades individuais, fico sabendo que há uma verdadeira ligação entre nós. Por favor, não me toque até nos conhecermos melhor. Obrigada por me ouvir.

Um manual do proprietário para se dar bem com AVCs:

Apoiando o seu canal auditivo

Ao conversar com pessoas cuja mente usa esse padrão, o mais importante é ouvi-las, mas sem enganá-las. Diga-lhes quando você não pode ouvir e retome a conversa quando puder. Deixe-as saber que você está ouvindo, respondendo especificamente ao que elas disseram. Não insista num assunto. Use palavras precisas e, primeiramente, apresente um resumo. Por exemplo: "Vamos conversar sobre o nosso contrato". Elas podem entender facilmente e apreciam as sutilezas do significado. Perceba que elas compreendem instruções verbais sem esforço.

Se elas começarem a discutir, lembre-se de que para elas isso não é tão sério, embora possa ser para você. Se isso for difícil, diga-lhes, assim que possível, que você gostaria de parar e continuar em outra ocasião ou de outra maneira.

Apoiando o seu canal visual

Com freqüência, as pessoas deste padrão adoram compartilhar atividades visuais: ler e discutir livros e artigos, especialmente os que apresentam pontos de vista diferentes, jogar cartas, viajar e discutir o que foi visto. Estimule-as a escrever um diário ou mandar memorandos para aprofundar o seu pensamento.

Os AVCs precisam desviar o olhar para encontrar as palavras; não espere que eles mantenham contato visual por longos períodos de tempo.

Apoiando o seu canal cinestésico

Se alguém com este padrão estiver falando muito depressa ou discutindo implacavelmente, sugira uma mudança cinestésica ou visual para acalmar as coisas. Ajude-o a ir mais fundo ou altere o tom da conversa: convide-o a dar uma volta com você ou sente-se ao seu lado, em vez de sentar-se à sua frente. Estimule-o a desenhar uma imagem ou diagrama, ou usar cores para ilustrar o que está acontecendo.

> Aquele que sabe que suficiente é o suficiente sempre terá o suficiente.
> — Lao-Tzu, *Tao Te Ching*

Colocar a mão em seu ombro também mudará a sua atividade verbal. Você também poderá mudar o ritmo das coisas com um tipo diferente de pergunta. Pergunte como ele está se sentindo. Ele terá de ficar em silêncio para acessar essa informação; o vocabulário cinestésico — palavras de ação e emoção — irá acalmá-lo.

As pessoas deste padrão precisam de respeito e compreensão para a sua necessidade de fazer e aprender atividades físicas por si mesmas, algumas vezes de forma lenta e particular. Durante atividades físicas, siga a orientação delas. Permita que elas determinem o ritmo e a duração de uma caminhada ou de uma volta de bicicleta. Por favor, não insista para que façam as coisas exatamente como você. Elas podem precisar de privacidade, espaço e tempo para experimentar as coisas sozinhas.

Evite usar o humor físico, como cócegas e brincadeiras. Limite-se ao humor verbal, no qual elas não apenas são muito boas, como também brilhantes.

6

ACV: Auditivamente alerta, Cinestesicamente centrado, visualmente sensível

O som é uma das principais fontes de estímulo para o cérebro e, por meio dele, é mantida a vitalidade mental dinâmica. Os sons vocais ressoam diretamente pelo crânio, tórax e corpo. Nossas ressonâncias pessoais podem carregar e revitalizar o corpo e o cérebro.

Joseph Chilton Pearce (ACV)

Aquilo que a lagarta
chama de fim do
mundo, o mestre
chama de borboleta.
— Richard Bach,
Ilusões.

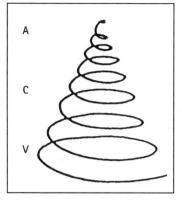

A

C

V

Maneira mais fácil de aprender:
ouvir/experimentar/ver

Maneira mais fácil de expressar:
dizer/fazer/mostrar

Instantâneo do padrão:

Os ACVs são extremamente articulados e têm muita energia física, logo abaixo da superfície. Eles são líderes naturais, adoram cuidar de tudo e dizer a todos o que fazer, discutir, argumentar e debater qualquer coisa, contar piadas, brincar com as palavras. Eles compreendem e tiram conclusões verbais com facilidade e respondem rapidamente às perguntas, mas também podem fazer graça e ser sarcásticos. Em geral, têm uma voz característica, única. Falam com clareza, precisão, com muita energia, sentimento e ritmo. Mais do que tudo, as pessoas deste padrão querem inspirar os outros.

Os ACVs lembrarão do que lhes foi dito e, com freqüência, repetem o que ouviram palavra por palavra, como um gravador. Isso inclui poesia, letras de músicas, rimas e piadas. Muitas vezes, têm sentimentos e opiniões fortes, os expressam com facilidade. Os gestos com as mãos acompanham as palavras e enfatizam o que estão expressando. Os ACVs podem ficar facilmente magoados com o que lhes é dito, mas, em geral, não percebem o poder das suas palavras para magoar os outros.

As pessoas deste padrão podem ter dificuldade para escutar. Algumas vezes, têm o hábito de interromper os outros, especialmente se estiverem muito excitadas, a não ser que tenham sido treinadas em habilidades de comunicação e de discussão.

Os ACVs parecem ter um estoque infindável de energia física que não é facilmente liberada. Enquanto o corpo expressa os sentimentos, o rosto raramente os demonstra, podendo ficar quase inexpressivo a maior parte do tempo. Algumas vezes, são eloqüentemente coordenados e, se receberem instruções verbais, aprenderão movimentos físicos com facilidade. Em geral, gostam de praticar esportes, mas são treinadores ainda melhores porque encontram com facilidade as palavras para ensinar a alguém o que deve fazer.

Os ACVs sentem-se desconfortáveis quando confinados a uma mesa ou a um pequeno espaço por qualquer período, especialmente se lhes pedirem para lidar com grande quantidade de material escrito. A maioria tem dificuldade para manter contato visual

> Quando eu era jovem, sempre me diziam: "Espere e verá." Agora, estou velho e não vejo nada. É maravilhoso.
> — Eric Satie

constante e é bastante comum desviar o olhar ou piscar com freqüência enquanto falam. Mesmo que tenham prática no contato visual, é provável que ainda não o estejam vendo.

As pessoas deste padrão são muito exigentes na escolha de imagens visuais — filmes, programas na televisão e decoração de ambientes — pois são profundamente influenciadas por aquilo que vêem. Um olhar desagradável de alguém pode deixar uma impressão duradoura. Elas "saem do ar" quando vêem muitos detalhes visuais, especialmente se não for alguma coisa que elas mesmas escolheram. Seus olhos também podem ficar distantes quando lhes fazem perguntas sobre aquilo que estão vendo.

Os ACVs podem ser sonhadores visionários. Muitos deles têm uma imaginação vívida, transbordando de novas idéias sobre como as coisas deveriam ser. Contudo, podem ter dificuldade para se sentir satisfeitos caso suas idéias não sejam rapidamente transformadas em realidade.

Retrato composto: Arthur K. Vincent

Como vai? Sou o criador de um tipo de psicoterapia que ajuda as pessoas a integrar e incorporar a alma na vida cotidiana. Meus sentimentos estão bem próximos da superfície, o que costumava ser embaraçoso quando eu freqüentava a área acadêmica, como químico molecular, mas na área psicológica é melhor. Desde que eu cumpra a minha rotina diária de correr e malhar na academia, consigo manter um equilíbrio. Sem isso, fico com excesso de energia. A atividade física parece alinhar os aspectos desiguais da minha vida.

Sempre tive muita pena das pessoas que sofrem. Eu costumava praticar luta corporal na faculdade e podia sentir os meus adversários caindo no tatame quando eram derrubados. Desisti de lutar, mas ainda gosto de muitos tipos de esportes.

Adoro música, tocar guitarra e cantar, mas nunca fui realmente bom para compor. Durante três anos, fiquei escrevendo um poema sobre o mundo natural. Escrever não é fácil para mim. É uma experiência tão poderosa que, quando escrevo sobre alguma coisa, entro no que está escrito na página como se fosse o meu mapa. Depois que começo a escrever, passo a fazer parte do processo. Perco a consciência de qualquer coisa à minha volta. Mas demoro muito para começar a escrever.

> Qualquer autoridade que eu possa ter consiste apenas em saber quão pouco sei.
> — Sócrates

Treinei para olhar as pessoas quando elas falam comigo, mas não fico à vontade e, algumas vezes, os meus olhos se contraem.

Se você quer me tratar bem, traga o máximo possível de si mesmo para o momento presente da nossa experiência e conte-me a sua verdade. Seja direto. Diga o que sente e sinta o que está dizendo. Compreenda que estou com você, apesar de desviar o olhar ou fechar os olhos. Prefiro caminhar ou pelo menos ficar em pé enquanto falamos ou fazer alguma coisa enquanto conversamos.

Um manual do proprietário para se dar bem com os ACVs:

Apoiando o seu canal auditivo

O mais importante ao conversar com pessoas cuja mente usa este padrão é escutá-las, discutir e valorizar as suas idéias. Deixe-as saber que você está escutando, fazendo perguntas de acompanhamento ou comentando especificamente o que achou interessante em relação ao que elas disseram. Se você disser uma frase introdutória antes de conversar, irá ajudá-las a escutar melhor. Por exemplo, "Gostaria de falar sobre as coisas que estão acontecendo no laboratório". Elas gostam de explicações claras, diretas e adoram o humor: use vozes engraçadas, sotaques ou conte piadas para transmitir as suas informações, mesmo nas discussões emocionalmente carregadas.

Essas pessoas possuem uma compreensão bem sintonizada da linguagem verbal, mas tendem a interromper os outros ou colocar palavras em nossa boca. Mostre-lhes os limites específicos da sua disponibilidade. Diga especificamente quando você vai desligar o telefone ou quando pode lhes dar total atenção.

Apoiando o seu canal cinestésico

Os AVCs gostam de controlar o que fazem e como fazem. Eles se organizam dizendo a si mesmos ou aos outros o que irão fazer. A música tende a mudar o seu humor; ouvir música ou cantar com outras pessoas pode ajudá-los a relaxar. Dê apoio à sua necessidade de freqüentes saídas para a sua energia física. Convide-os a dar uma volta quando quiser discutir assuntos emocionais. Eles sentem vontade de se movimentar quando falam dos sentimentos e o movimento pode ajudá-los a acessar esses sentimentos de maneira mais tranqüila. Caminhe com eles, lado a lado, para que eles possam olhá-lo sempre que se sentirem confortáveis. O toque ajudará os ACVs a se acalmar. Evite dizer-lhes como eles se sentem; ao contrário, diga o que você observou em sua linguagem corporal ou no tom de voz e pergunte o que estão sentindo.

> Precisamos nos lembrar de que não criamos nem aprendemos palavras na escola, ou jamais as teremos completamente sob controle. As palavras, como os anjos, são forças que têm um poder invisível sobre nós.
> — James Hillman

Apoiando o seu canal visual

O ACVs tendem a ser inventores, pessoas cheias de idéias, pensadores de sistemas. Estimule-os a explorar totalmente as suas visões e pergunte o que eles imaginam ser necessário para realizá-las e o tipo de ajuda de que poderiam precisar.

Se lhes escrever um bilhete ou qualquer outra informação visual, certifique-se de estar sendo claro e simples. Permita que as pessoas deste padrão controlem os próprios olhos. Não exija que mantenham contato visual ou olhem para alguma coisa que lhes possa ser dolorosa ou desconfortável. As imagens visuais perturbadoras podem ficar girando em sua mente durante anos.

7

VAC: Visualmente alerta, Auditivamente centrado, Cinestesicamente sensível

Para não ser aborrecido, com freqüência enfeito os meus contos com elaborações extravagantes, totalmente inventadas. Agora, acredito em qualquer coisa que eu invente a meu respeito.

Sheldon Kopp

Oitenta por cento da vida é apenas exibição.
— Woody Allen

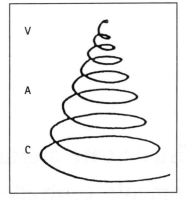

Maneira mais fácil de aprender: ver/ouvir/experimentar

Maneira mais fácil de expressar: mostrar/dizer/fazer

Instantâneo do padrão:

Os VACs são reconhecíveis como as pessoas de olhos brilhantes que poderiam ter inventado a frase "Mostrar e Informar". Mais do que tudo, elas parecem querer ajudá-lo a ver as coisas de uma nova maneira. Muitas delas causam uma impressão visual pelas roupas que vestem, em geral coloridas e bem combinadas. Adoram detalhes visuais, bem como *olhar* as possibilidades — folheando catálogos, olhando vitrines de lojas ou observando pessoas. Elas têm o hábito de devorar o máximo possível de qualquer coisa impressa — caixas de cereais, anúncios, romances.

Adoram fazer listas e, com freqüência, tomam notas, apesar de não precisarem consultá-las, porque memorizam lendo, escrevendo e falando em voz alta o que precisam aprender. Guardam os detalhes, armazenando-os visualmente, algumas vezes a ponto de terem uma memória fotográfica.

Como há muito sentimento por trás das suas palavras, os quais são revelados pelo rosto, quando falam, elas geralmente são persuasivas. Às vezes, quando querem enfatizar alguma coisa, os gestos acompanham as palavras. Elas gostam de ensinar e explicar as coisas e adoram contar histórias com muitos detalhes, usando metáforas visuais para "pintar o quadro" para os seus ouvintes.

Quando falam, tendem a usar um vocabulário visual — palavras que apresentam imagens — como "ver, olhar, colorido, mostrar", "brilhante" e frases como: "Posso ver o que você quer dizer" e "Vejo você mais tarde". Com freqüência, usam palavras como "hummm", "como" ou "você sabe" entre os pensamentos.

Os VACs são bons em diálogos. Muitas vezes, gostam de pensar em voz alta, para decidir entre duas opções ou descobrir a própria opinião a respeito de alguma coisa. Os sentimentos dos VACs estão escritos no seu rosto. Na verdade, é possível saber o que estão sentindo só de olhar para eles, antes mesmo de terem consciência desses sentimentos.

> O passeio é o mesmo quando você sai procurando o seu sofrimento ou quando sai procurando a sua felicidade.
> — Eudora Welty

Eles se iluminam quando falam, mas quando se movimentam, o rosto fica sem expressão.

Apesar de manter contato visual enquanto escutam, geralmente olham para cima ou para o lado para pensar e encontrar palavras. Precisam fechar os olhos para saber o que sentem no corpo ou o que desejam fazer. Quando questionados sobre os seus sentimentos, o ritmo da sua linguagem diminui consideravelmente. Alguns hesitam para falar, a não ser que se sintam seguros e confortáveis com quem fez a pergunta. Com freqüência, é possível saber o que estão sentindo pelo tom de voz.

As pessoas deste padrão tendem a ter uma vaga percepção do corpo e, talvez, precisem repetir uma atividade física para aprendê-la; conseqüentemente, evitam os esportes competitivos. Também são muito reservadas a respeito dos seus sentimentos; para elas, o toque não é casual, portanto, normalmente hesitam em ter contato físico. Elas podem ter consciência do corpo como um todo, mas têm dificuldade para localizar sensações. Podem saber que sua perna está doendo, sem conseguir mostrar ou mostrar o local exato da dor.

Em atividades competitivas, podem ficar impacientes e acrescentam as próprias variações, em vez de fazer a mesma coisa da mesma maneira. Por esse motivo, podem ter problemas para executar a mesma tarefa durante um longo período. Para contrabalançar o tédio, muitas vezes passam de uma atividade para outra e depois retornam à primeira. Elas podem mudar de idéia com freqüência, mesmo estando no meio de alguma coisa que decidiram fazer. Algumas vezes, têm dificuldade para terminar tarefas. Em parte, isso pode acontecer pela dificuldade de avaliar o tempo necessário para concluir alguma coisa.

> Em primeiro lugar, não me sento à minha mesa para colocar em versos alguma coisa que já está clara na minha mente. Se ela estiver clara em minha mente, não tenho incentivo nem preciso escrever a respeito... Nós não escrevemos para sermos compreendidos; escrevemos para compreender.
>
> — C. Day Lewis (VAC), — *The poetic image*

Os VACs ficam confusos e "saem do ar" quando têm muitas escolhas, quando lhes perguntam o que estão sentindo, como fazem alguma coisa, como fizeram alguma coisa ou quando são tocados.

Retrato composto: Veronica Alice Klinger

É uma experiência interessante, porém, muito difícil, ver todos vocês me olhando. Dizer isso me relaxa um pouco. Assim como ver vocês. Em geral, gosto de falar tendo uma mesa ou um pódio à minha frente, mas olhei em volta e não encontrei nenhum. Também fico inibida quando estou sem anotações, pois imagino o que vocês poderiam dizer ao olhar para mim.

Sempre estive envolvida com muitos papéis e fiz muitas apresentações baseadas no meu trabalho. Sinto-me muito mais confortável com isso. Pediram-me para falar sobre a melhor e a pior maneira de fazer amor comigo. Isso é muito pessoal. Acho que prefiro falar sobre ir ao cinema. Algumas perguntas me desequilibram e me deixam procurando as palavras desajeitadamente ou me fazem dizer coisas chocantes que surpreendem até a mim mesma.

Gosto muito de ir ao cinema, mas há ocasiões em que vou com muita freqüência. Eu me considero uma viciada visual, porque algumas vezes prefiro ver filmes ou assistir à televisão do que experimentar a vida real.

Os livros são importantes para mim. Se alguém vier à minha casa e ler os títulos dos meus livros e revistas, imediatamente saberá muita coisa a meu respeito. Essa é a parte de mim que quero que as pessoas conheçam. Tenho muitos livros sobre muitas coisas interessantes, e alguns nunca li.

Em minha mente, tenho a tendência de culpar as pessoas, ou a mim mesma, se houver algum problema. Vejo quem está certo, quem está errado e, então, defendo ferozmente aquela imagem de realidade. É isso o que faço em vez de ir para dentro de mim e sentir realmente o que é verdade no meu corpo. Fico um pouco cheia de razão, bem, *muito* cheia de razão, para não reconhecer como, freqüentemente, sinto-me vulnerável.

No final, decidi responder àquela pergunta sobre fazer amor comigo, pelo menos em parte. Antes de me conhecer, precisamos ter muitas conversas íntimas. Você precisa me conhecer muito bem e estar disposto a me ouvir contar as coisas que faço e que ninguém vê, e também sobre as minhas visões. Você precisa me mostrar que aceita essas coisas. No ano passado, fui patinar na minha piscina congelada, escutando música e fingindo o tempo todo que estava nos jogos olímpicos! Se essas coisas forem aceitas, então conversaremos sobre fazer amor!

> O ensino escrito no papel não é o verdadeiro ensino. O ensino escrito é uma espécie de alimento para o seu cérebro. Naturalmente, o seu cérebro precisa de alimento, mas é mais importante ser você mesmo praticando o estilo certo de vida.
> — Suzuki Roshi (VAC), Zen Mind, Beginners Mind

Um manual do proprietário para se dar bem com VACs

Apoiando o seu canal visual

Os VACs querem ser vistos e ouvidos, bem como valorizados pelo que leram, escreveram e criaram visualmente. Adoram tanto receber quanto enviar cartas. Mande-lhes cartas, cartões e fotografias; deixe pequenos bilhetes em lugares surpreendentes. Eles adoram escrever algo que outra pessoa irá ler.

Escrever também ajuda as pessoas deste padrão a focalizar o pensamento. Se elas parecerem confusas, uma "conversa no papel" pode esclarecer bastante as coisas. Se quiser que elas se lembrem de alguma coisa, deixe um bilhete. As instruções verbais e escritas podem ser muito eficazes.

Compreenda que, para elas, é muito importante saber qual a aparência das coisas. Conte-lhes qual é o efeito provocado em você ao olhá-las. O contato visual é muito importante para elas. Você sabe que conseguiu a sua atenção quando elas olham para você, mas não espere que mantenham esse contato visual indefinidamente — elas precisam olhar para cima ou para longe enquanto pensam, porque os olhos ajudam a encontrar as palavras. As expressões faciais comunicam muita coisa a seu respeito.

Apoiando o seu canal auditivo

Com freqüência, os VACs precisam de muito tempo para falar das experiência da sua vida: o que fizeram, o que sentem, o que gostam ou o que acham difícil. Talvez não saibam totalmente o que sentem a respeito de alguma coisa até falarem sobre todos os lados de determinada questão. Sentem curiosidade sobre os padrões na sua vida; as metáforas podem ajudá-los a explorar esses padrões de maneira criativa, significativa. Muitas vezes, não querem conselhos ou concordância. Querem apenas informar. Convide-os a falar sobre o que estão pensando e, então, escute.

> Aqueles que se justificam, não convencem. Para conhecer a verdade, precisamos nos livrar do conhecimento; nada é mais poderoso e criativo do que o vazio.
> — Lao-Tzu

As pessoas deste padrão adoram ser entrevistadas, dialogar e ajudar os outros a resolver problemas verbalmente. Sente-se frente a frente com elas. Faça perguntas expansivas, curiosas. Diga a elas o efeito que as suas palavras têm sobre você. Seja sincero, mesmo a respeito de sentimentos desagradáveis. Explique as coisas usando metáforas e analogias. Seja paciente e *não* as interrompa quando estiverem falando dos seus sentimentos. Por estarem vindo de um lugar muito profundo, as palavras serão mais lentas, com mais pausas. Elas talvez precisem fechar os olhos ou olhar para cima para encontrar o que desejam dizer.

Apoiando o seu canal cinestésico

Os VACs sentem as coisas profundamente. Ofereça momentos de silêncio, enquanto eles se sintonizam com o seu corpo e com as suas emoções. Dê-lhes tempo para expressar o que está acontecendo, não apenas em palavras, mas em lágrimas, risos, ou movimentos corporais. Por favor, não lhes diga o que estão sentindo. Ao observar uma expressão, um tom de voz ou uma postura corporal que desperta a sua curiosidade, pergunte-lhes o que querem dizer.

Se possível, faça as coisas no ritmo deles. Por favor, peça, em vez de dizer o que eles devem fazer. Evite fazer as coisas para eles. Dê-lhes um prazo bem definido para realizar alguma coisa e informe-os sobre as conseqüências, caso não terminem a tempo.

Ajude-os a dividir grandes tarefas em partes menores, viáveis. Certifique-se de incluir variedade ou alternativas nas responsabilidades que você espera que eles assumam. Talvez não sejam constantes se precisarem cumprir uma rotina sem variações. Ajude-os a encontrar frases ou imagens que os motivem à ação; coloque esses motivadores em locais onde eles possam vê-los com freqüência. Estimule-os a dar a si mesmos o reconhecimento visual e verbal de cada realização alcançada.

8

VCA: Visualmente alerta, Cinestesicamente centrado, Auditivamente sensível

Um dia, teremos de parar de supervalorizar a palavra. Aprenderemos a perceber que ela é apenas uma das muitas pontes que ligam a alma ao grande continente da vida comum.

Rainer Maria Rilke (VCA)

De maneira sagrada, eles estão enviando vozes.
— John G. Neihardt (VCA), *Black elk speaks*

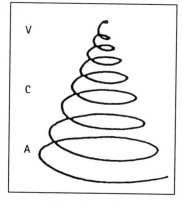

Maneira mais fácil de aprender: ver/experimentar/ouvir

Maneira mais fácil de expressar: mostrar/fazer/dizer

Instantâneo do padrão:

Você pode ser imediatamente atingido pela energia acentuada dos VCAs. Eles parecem absorver o mundo com os olhos e sentir o que vêem. São visualmente meticulosos, desejando que suas roupas, seus bens e o ambiente se encaixem na imagem interior que estão tentando criar. Não conseguem pensar quando há desordem visual. A maioria tem letra legível, soletra bem e é hábil na revisão de provas. Muitos gostam de desenhar e criar coisas detalhadas. Dependem de lembretes escritos, listas, instruções e orientações para se manter bem organizados.

Os VCAs relacionam-se melhor com os outros pelo contato visual. Geralmente, conseguem mantê-lo com firmeza, mas os seus olhos ficam vidrados caso tenham de ficar escutando alguma coisa durante muito tempo. Quando estão pensando, também tendem a olhar para cima e podem fechar os olhos para escutar com maior profundidade. O rosto parece criar vida quando se movimentam, mas, quando falam, fica sem expressão.

Os VCAs lembram-se mais facilmente daquilo que viram ou leram. Poderão lembrar-se do rosto das pessoas, mas não dos nomes. As pessoas deste padrão têm excelente coordenação entre olhos-mãos e olhos-corpo e aprendem melhor observando uma demonstração ou lendo as orientações de uma tarefa e, então, experimentando como executá-la, *sem que primeiro lhes digam como fazer*. Quando não conseguem, podem fazer perguntas e pedir algumas explicações. Algumas dessas pessoas são leitores vorazes, enquanto outras têm eterna dificuldade, dependendo de como são ensinadas. Como os canais visual e auditivo — os dois modos envolvidos na leitura — estão separados pelo canal cinestésico, a não ser que o corpo, as mãos, os sentimentos ou as experiências estejam envolvidos de alguma forma no processo, a leitura pode ser difícil. Gostam de fazer muitas anotações em reuniões. Para elas, é fácil escrever quase que palavra por palavra daquilo que ouviram. Memorizam com mais facilidade escrevendo alguma coisa repetidamente. Em geral, têm muito interesse pelo funcionamento das coisas, desde máquinas complexas até o corpo humano.

Essa forma de cura não tem nada a ver com livros e não pode ser aprendida com outra pessoa. É uma questão de sentimento, de ter uma mente nova, sabendo como escutar o que ninguém mais escuta.
— Dominanga Nancufil (VCA)

A atividade física é uma importante saída emocional e energética para essas pessoas, pois geralmente elas têm muita energia acumulada. As pessoas com este padrão estão conscientes das sensações do seu corpo. Igualmente, têm acesso fácil aos sentimentos. Os VCAs também podem captar os sentimentos e sensações das pessoas ao seu redor.

Algumas vezes, têm dificuldade para tomar decisões sozinhos, pois sentem-se puxados em duas direções e vacilam muito antes de decidir. A experiência parece ser o melhor professor para ajudá-los a organizar as coisas. Quando podem ver e experimentar as suas opções, geralmente conseguem saber o que é certo. São excelentes colaboradores e grande parte da sua vida gira em torno da criação de conexões de diversos tipos. Normalmente, preferem trabalhar em grupos ou fazer parte de uma equipe a trabalhar sozinhos. Seu estilo de liderança visa manter as conexões entre as pessoas.

De vez em quando, especialmente em grupos grandes, eles podem ficar calados e isolados. Para eles, é difícil falar sem pensar. Quando falam, pode haver longas pausas entre as palavras ou frases e podem ficar confusos e "sair do ar" quando são obrigados a escutar durante longos períodos ou quando lhes perguntam a respeito daquilo que ouviram.

Outras vezes, entretanto, na companhia de uma ou duas pessoas, os VCAs podem ser muito tagarelas. Mudam de um assunto para o outro repetidamente, fazendo conexões que podem não ser compreendidas pelos ouvintes e que parecem nunca chegar a lugar nenhum. Gesticular, movimentar-se ou tocar em si mesmos os ajuda a encontrar palavras. Eles podem esquecer nomes ou acrônimos, mas são ouvintes atentos e bastante sensíveis ao tom de voz e às inflexões.

As pessoas deste padrão usam muito vocabulário visual — palavras que pintam imagens e frases que incluem "ver, olhar, mostrar, imaginar", "Posso imaginar isso" ou "Vejo você mais tarde". Tendem a fazer perguntas intermináveis que não têm respostas. Com freqüência, ao tentarmos respondê-las, a sua resposta começa com "Sim, mas...".

> Começar a escrever sobre a nossa dor pode provocar compaixão por nossas vidas pequenas e desajeitadas. Desse estado fragmentado, surge uma ternura pelo chão sob nossos pés, pela grama seca estalando sob um forte vento. Podemos tocar as coisas à nossa volta, anteriormente consideradas feias, e enxergar aquele detalhe especial, a tinta descascada e o cinza das sombras, como eles são — simplesmente o que são: não ruins, apenas parte da vida ao nosso redor — e amar esta vida porque ela é nossa e no momento não há nada melhor.
> — Natalie Goldberg, *Writing down the bones*

Retrato composto: Vincent King Asner

Sou arquiteto. Posso sentir como as coisas poderiam ser, olhando para elas. Adoro projetar espaços externos e internos. Tenho dificuldade nos relacionamentos pessoais. Acho que continuo me fundindo com as pessoas pelas quais me apaixono — eu me perco nelas. Minha irmã diz que eu deveria consultar um analista porque tenho medo de compromissos longos. Mas o último que consultei ficava me dizendo o que eu sentia, o que significava e o que eu devia fazer. A princípio, gostei dessa certeza, mas, depois de algum tempo, comecei a falar como ele. Era como se as suas palavras saíssem da minha boca. Eu até mesmo falava durante o sono com o mesmo sotaque dele! Aquilo estava indo longe demais. Estava na hora de voltar à prancheta de desenho.

Detesto brigas e discussões. Em minha mente, afasto-me delas o máximo possível. Fui acusado de não me lembrar daquilo que as pessoas dizem, mas isso não é verdade. O meu cérebro pode ser como um gravador, especialmente com palavras carregadas de sentimentos. Mas, algumas vezes, realmente tenho tendência a me lembrar das palavras de maneira "criativa".

Se houver silêncio, posso enxergar o que preciso. Se quero realmente ouvir alguma coisa, preciso fechar os olhos. Tenho uma tendência a imaginar as minhas decisões e então, no meu tempo, as realizo. Posteriormente, posso explicar a mim mesmo e aos outros o que fiz. Não gosto que me digam o que fazer. Bem, isso não é exatamente verdade; *parte* de mim gosta de regras e de estrutura, e uma parte secreta as detesta. Eu me esforço bastante para fazer o que esperam de mim, mas tenho uma parte oculta que quer ser RUIM! Eu sempre pareço estar buscando a minha verdadeira identidade.

Sinto aquilo que vejo. Eu já disse isso? Quase sempre posso dizer o que os outros estão sentindo mas, algumas vezes, tenho dificuldade para diferenciar entre o que imagino que eles estão sentindo e o que é intuição. Para mim, é mais fácil falar caminhando. As palavras não vêm com facilidade. Quando faço amor, gosto de silêncio ou de música, sem palavras. Quando ouço palavras, *preciso* escutá-las.

Se você quer me tratar bem, mantenha contato visual e faça alguma coisa comigo. Depois vêm as palavras, palavras suaves. Não diga uma coisa e faça outra.

> O poder das lembranças e expectativas é tão grande que, para a maioria dos seres humanos, o passado e o futuro não são tão reais quanto o presente, são mais reais.
>
> — Alan Watts

Um manual do proprietário para se dar bem com VCAs

Apoiando o seu canal visual

Escrever pode ser um forma mais efetiva de comunicação com os VCAs do que falar. Assim, eles podem captar facilmente o que você está tentando transmitir do que se você lhes disser. Estimule-os a escrever também. Isso lhes permitirá focalizar os pensamentos e os ajudará a se comunicar de forma mais precisa, sem rodeios. A leitura daquilo que escreveram os ajudará a encontrar o significado coesivo do que estão pensando. Escrever também é uma forma eficaz para expressar os muitos sentimentos guardados dentro de si.

Ao conversar com VCAs, faça o máximo de contato visual possível. Anote o que eles estão falando para que, mais tarde, eles possam consultar. Do contrário, as suas palavras parecerão evaporar em sua mente. Estimule-os a tomar notas durante conversas ao telefone ou em qualquer outra importante comunicação oral. E anote as perguntas que os estão preocupando. Isso os ajudará a pensar por si mesmos enquanto procuram as respostas.

Os VCAs saberão que você se importa com eles por meio de cartas, bilhetes, cartões ou outras lembranças visuais, como presentes e flores.

Apoiando o seu canal cinestésico

Como percebem o que os outros sentem, os VCAs podem perder facilmente a percepção de si mesmos. Por isso, é essencial que aprendam a diferenciar os sinais e as emoções do próprio corpo daqueles das outras pessoas. Do contrário, para se proteger e não sentir demais o que os outros sentem, eles podem fechar totalmente a percepção de todas as sensações e perder o contato com o próprio corpo.

A vida é uma coisa importante demais até mesmo para falarmos dela.
— Oscar Wilde

Estimule-os a ter calma e a descobrir o que sentem. Faça-os dirigir a atenção para si mesmos com perguntas como: O que você acha disso? Sugira que se movimentem ou ocupem um espaço físico para encontrar as suas respostas.

Por mais estranho que possa parecer, sugira que eles falem consigo mesmos na frente do espelho, para descobrir o que desejam e pensam. Ao olhar apenas para si mesmos, eles poderão sentir os próprios sentimentos melhor do que quando estão com outras pessoas. A solidão irá ajudá-los quando estiverem sendo puxados em duas direções ao mesmo tempo.

Apoiando o seu canal auditivo

Os VCAs são facilmente influenciados pelo que dizem a seu respeito. Certifique-se de que as suas palavras e o tom de voz apóiem a sua auto-estima. Aquilo que lhes dizem os atinge profundamente. Sempre que possível, as críticas devem ser por escrito, não faladas. Evite o sarcasmo com as pessoas deste padrão. O seu canal auditivo é muito literal. Elas perceberão o tom de voz sarcástico e talvez não compreendam nada do que você esteja dizendo.

121

As pessoas cuja mente funciona dessa maneira precisam sentir que estão sendo ouvidas. Dê-lhes tempo para falar; tenha paciência com as suas palavras em espiral. Escute realmente e repita, com palavras ou por escrito, o que elas disseram.

Os VCAs precisam fazer muitas perguntas. Não é necessário respondê-las. Ao contrário, direcione a sua atenção para si mesmos — para as próprias palavras, experiências ou pontos de vista. Durante as conversas, dê um espaço para o silêncio e as pausas, não termine as suas frases, não os interrompa e nem coloque palavras em sua boca.

Com freqüência, é mais eficaz perguntar: "Como você se sente a respeito...?", do que "O que você acha...?". Isso os ajudará a ficar mais presentes para focalizar os sentimentos. Perguntar a sua opinião pode fazê-los "sair do ar". Preste atenção quando os olhos dos VCAs ficarem vidrados. Você pode estar falando muito depressa, com muita intensidade ou muito abstratamente.

9

CVA: Cinestesicamente alerta, Visualmente centrado, Auditivamente sensível

*Por que estou interessado no mundo físico das artes e
da agricultura e no mundo da psique e de eros?
Por que o arquétipo da totalidade fala tão forte apesar de
uma sociedade na qual a especialização e o preconceito são
negociados? Por que comecei a querer ser um estudioso
da linguagem e da história chinesa antiga, uma cultura onde
a escrita era uma espécie de pintura e na qual a linguagem
era valorizada pelo seu sentimento poético e sua forma artística
de caligrafia? Por que sinto o mistério do mundo tão intensamente,
como uma presença sagrada, tanto de formas não-verbais
quanto verbais — em poetas e em poemas? Por que
continuo perguntando, por quê?*

M. C. Richards

As palavras ou a linguagem, por serem escritas ou faladas, não parecem desempenhar nenhum papel no meu mecanismo de pensamento. As entidades psíquicas que parecem servir de componentes do pensamento são determinados sinais e imagens, mais ou menos claros, que podem ser voluntariamente reproduzidos e combinados. No meu caso, os elementos acima mencionados são do tipo visual e muscular. As palavras convencionais ou outros sinais precisam ser buscados laboriosamente...
— Albert Einstein (CVA), conforme citado por John Briggs, *Fire in the crucible*

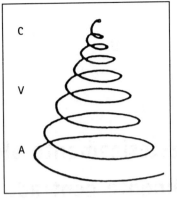

Maneira mais fácil de aprender: experimentar/ver/ouvir

Maneira mais fácil de expressar: fazer/mostrar/dizer

Instantâneo do padrão:

As pessoas cuja mente usa o padrão CVA são tranqüilas e com forte presença física, parecendo estar cercadas por um profundo silêncio. A sua energia é suave, receptiva, e elas parecem mais vivas quando estão se movimentando. Com freqüência, estão interessadas em coisas aparentemente variadas e diferentes — futebol e arte, por exemplo, ou costura e química. Elas parecem ter uma percepção intuitiva de como tudo se encaixa; é viver com integridade.

Os CVAs gostam de "fazer" o máximo possível. Tendem a ser alunos determinados e adquirem novas habilidades físicas com facilidade, fazendo e observando, e apenas ocasionalmente fazem perguntas. São muito bem organizados e detalhados naquilo que fazem, bem como trabalhadores perseverantes quando acreditam no sucesso. Em geral, têm boa coordenação, habilidades manuais, e são facilmente capazes de juntar as coisas, algumas vezes de maneira muito criativa.

Habitualmente, os CVAs têm muita consciência das sensações específicas em seu corpo. Como o conforto físico é muito importante, não medem esforços para encontrar a cadeira certa ou a posição certa para sentar-se. Tendem a escolher roupas confortáveis e que permitem a liberdade de movimentos, com alguma percepção da sua aparência.

As pessoas deste padrão sentem as coisas profundamente, mas, para elas, é quase impossível expressar as emoções por palavras. Podem ficar mal-humoradas e são teimosas quando sentem que alguém importante não está do seu lado. Quando ficam zangadas, afastam-se em vez de discutir. Geralmente, o toque é natural e fácil para elas (a não ser que tenham sido treinadas de outra maneira), e elas precisam tocar e ser tocadas. Os CVAs preferem ficar sozinhos ou com uma ou duas pessoas, em vez de participar de uma grande reunião social. Num grupo, com freqüência, procuram um lugar tranqüilo para sentar-se, observar e escutar.

> Só quando estamos conectados à nossa própria essência estamos conectados com os outros, E, para mim, a essência, a fonte interior, pode ser redescoberta na solidão.
> — Anne Morrow Lindbergh (CVA), *Gift from the sea*

Tendem a falar suavemente e gostam de trabalhar ou se divertir sozinhos ou com um amigo especial e, muitas vezes, acham mais fácil relacionar-se com os animais ou com a natureza do que com as pessoas.

As pessoas deste padrão podem manter um contato visual constante, mas seus olhos piscam e se contraem quando tentam mantê-lo por muito tempo. Os olhos ficarão vidrados ao ouvir muitas palavras, e precisam olhar para o lado para encontrar o que querem dizer. Quando falam, o rosto fica sem expressão.

Os CVAs criam imagens tridimensionais. Isso significa que, literal e figurativamente, enxergam as coisas a partir de muitas perspectivas. Mentalmente, podem modificar cartas, palavras, imagens, projetos e diagramas, enxergar a validade dos muitos lados de uma questão e o todo de alguma coisa, bem como os seus detalhes.

Para as pessoas deste padrão, pode ser muito difícil falar de sentimentos, pois a mente consciente, despertada cinestesicamente, e a inconsciente, despertada auditivamente, estão separadas. Os CVAs podem ficar sobrecarregados pelo excesso de palavras e "saem do ar" quando precisam ficar quietos, olhando com atenção para alguma coisa e escutando, porque a parte inconsciente da sua mente está sendo despertada. Isso também significa que eles são profundamente afetados pelo que lhes dizem. Frases duras ou críticas podem ecoar durante anos em sua mente. Sempre que possível, a crítica deve ser por escrito, não verbal. As pessoas deste padrão precisam sentir-se seguras, aceitas e ouvidas para poderem participar profundamente das conversas — que é a única maneira de as conversas realmente acontecerem para eles — pois é difícil e constrangedor participar de um bate-papo. Falar diante de grupos também pode ser difícil, a não ser que tenham pistas visuais para preencher as lacunas. Elas não gostam de falar sem pensar e ficam paralisadas quando pressionadas. O discurso de um CVA pode conter pausas freqüentes. Muitas vezes, eles demoram para responder a uma pergunta, descobrir o nome de alguma coisa ou a palavra que estão buscando. As explicações podem ser breves, concisas e, algumas vezes, surpreendentemente singulares e perspicazes. As respostas podem ser circulares, jamais chegando ao ponto. Seu maior talento pode estar na qualidade do seu escutar e na profundidade e abrangência das suas perguntas, as quais, muitas vezes, não podem ser respondidas.

As pessoas deste padrão usam muito o vocabulário cinestésico, palavras que transmitem ação ou sentimentos como "agarrar", "segurar", "suave" ou "mover", e frases como "Isso parece certo" ou "Logo entrarei em contato."

[Albert Einstein] tinha um sério problema de linguagem que algumas pessoas afirmavam (é provável que incorretamente) ser dislexia. Ele sempre repetia as coisas para si mesmo e parecia destinado a receber o rótulo de retardado. Mas sua mãe o introduziu na música, que agiu como uma válvula de segurança psicológica. Ele começou a cantar para si mesmo, e era muito mais coerente quando cantava do que quando falava. Se lhe perguntavam o que estava cantando, ele respondia: "Estou compondo canções para Deus".

— John Briggs, *Fire in the crucible*

Retrato composto: Karen Vivian Appleton

Para mim, o mais importante é ser verdadeira comigo mesma. As pessoas dizem que escondo muita coisa, mas não é realmente assim. Descobri que manter contato visual por muito tempo me distrai. Assim, ando ou balanço, olhando de vez em quando, para ver se os outros estão prestando atenção em mim.

Adoro prever possibilidades, imaginar as diferentes formas de como alguma coisa poderia ser, ver as coisas sob todas as perspectivas. Com freqüência, as minhas imagens são tridimensionais. Se imagino estar em determinado lugar, é como se eu estivesse lá. Mas, se crio imagens como se estivesse olhando para dentro de mim mesma, não consigo falar.

Esse é um dos meus problemas. Falar casualmente com as pessoas, é isso. Começar a falar é como começar a pular de uma ponte alta. Para mim, também é importante, porque eu só preciso falar alguma coisa para alguém que vai escutar sem interromper, sem colocar palavras na minha boca, assim eu posso ver se é realmente o que sinto. Acima de tudo, preciso saber que estou sendo ouvida. O silêncio à minha volta demonstra que as minhas palavras foram recebidas, o que é muito importante para mim, porque se elas não forem recebidas, eu me fecho, me afasto e não quero mais falar. Vou embora ou fico irritada para conseguir novamente a sua atenção.

Pareço uma eterna estudiosa das coisas; estou sempre na escola da vida. Eu costumava achar que era muda, particularmente no que diz respeito às tarefas verbais, embora dentro de mim soubesse que isso não era verdade. Eu estava sempre olhando através da janela. Adorava ginástica e ciências. Quando não podia aprender de maneira concreta, perdia o interesse e pensava em outras coisas. Descobri que é útil conversar com alguém depois de ter aprendido alguma coisa. Preciso levantar-me e me movimentar com freqüência, então, escrevo o que estou lendo.

As pessoas dizem que sou muito inovadora. Talvez, mas algumas vezes considero-me uma solitária.

> Você precisa ter alguma coisa para comer e um pouco de amor em sua vida antes de poder ficar em silêncio para ouvir o sermão de qualquer um a respeito de como se comportar.
> — Billie Holiday (CVA)

A natureza é a minha igreja, onde me sinto mais inteira. Nos relacionamentos, tendo a ser como uma onda, acompanhando minhas próprias marés.

Sinto-me amada e bem-tratada quando sou tocada por mãos sensíveis. Detesto quando dizem que me pareço com alguém ou quando alguém termina as frases para mim. Também não gosto quando as pessoas dizem palavras que não revelam o que realmente querem dizer. Não sei o que vou dizer até ter dito. Não sei o que eu disse até ouvir.

Um manual do proprietário para se dar bem com CVAs

Apoiando o seu canal cinestésico

As pessoas cuja mente usa este padrão querem compartilhar atividades e aventuras e ser valorizadas pelo que sabem fazer. As conexões mais eficazes começam em atividades conjuntas, na natureza. É aí que o seu estilo de liderança natural se revela — elas adoram liderar

Nem sempre podemos confiar nas palavras. As palavras significam muitas coisas para diferentes pessoas. Se escuto com os meus sentimentos, então compreendo o que os outros realmente sabem da minha vida. Se escuto sem os meus sentimentos, então compreendo o que os outros sabem das coisas. Acho que eles não se lembram como se escuta os sentimentos... A maioria dos meus professores e amigos não se lembra de que só as palavras não são suficientes. Assim, não confio na maneira como os outros ouvem os meus pensamentos. Posso escutar as suas palavras e o seu coração, mas eles não entendem a minha linguagem. Acho que ficarei em silêncio até poder ser ouvido sem palavras. É mais fácil se comunicar tocando tambor e cantando.
— Um aluno liberiano da oitava série, citado em *The roar of silence: healing powers of breath, tone and music*, por Don G. Campbell

a ação. Precisam ver que os seus esforços contribuíram de alguma maneira.

Se um CVA se afastar quando os seus sentimentos forem feridos, dê-lhe algum espaço. Não o provoque verbalmente. Um toque suave pode ser a melhor maneira para ajudá-lo a se reconectar quando estiver pronto. Com freqüência, é mais essencial seguir o próprio ritmo do que alcançar determinado destino.

Apoiando o seu canal visual

É muito eficaz usar o canal visual para se comunicar com CVAs; para que eles parem de falar e comecem a escutar: escreva-lhe bilhetes. Estimule qualquer interesse que eles possam demonstrar nas artes, fotografia, desenho, escultura, tecelagem, trabalhos em madeira. Isso poderá lhes proporcionar uma forma não-verbal de expressar os sentimentos.

Encontre atividades nas quais vocês possam olhar juntos para alguma coisa: desenhos que eles fizeram, um programa favorito na televisão, um evento esportivo, um filme, jogos de cartas.

Apoiando o seu canal auditivo

Acima de tudo, tenha paciência com o silêncio dos CVAs e com a necessidade que eles sentem dele. Deixe-os fazer perguntas e afirmações. Provocá-los para que eles falem pode fazer com que se fechem ainda mais em si mesmos.

Evite bate-papos ou mexericos. Convide-os a falar das suas experiências — eles falarão mais confortavelmente daquilo que fizeram do que dos seus sentimentos. Se fizer uma pergunta, permita que fiquem em silêncio para poder pensar. Não diga o que eles sentem nem termine as suas frases. Escute até o fim, mesmo achando que sabe o que eles vão dizer. Eles poderão surpreendê-lo.

As pessoas deste padrão navegam pela vida fazendo perguntas intermináveis, buscando possibilidades e vivenciando as respostas. Por mais que se sinta tentado, não responda a essas perguntas. Chame a atenção delas para si mesmas. Algumas vezes, apenas ficar em silêncio é a melhor maneira — ou responder com um honesto "Eu não sei".

Tenha conversas durante as quais os CVAs possam olhar para onde quiserem, preferivelmente para a natureza. Estimule-os a tomar notas, a se movimentar ou brincar com alguma coisa enquanto conversam. Ofereça imagens reais, mentais, ou exemplos concretos quando estiver explicando um conceito novo ou abstrato. Seja sincero e literal ao falar com eles. Não exagere, a menos que você deixe isso bem claro. Perceba que eles são muito sensíveis aos tons de voz e às palavras negativas. O que você diz e como diz os atingirá profundamente.

Escutar a música preferida de um CVA, ao seu lado, pode ser uma maneira poderosa e íntima para estabelecer uma ligação.

10

CAV: Cinestesicamente alerta, Auditivamente centrado, Visualmente sensível

(Quando me perguntaram se já senti medo:)
Sinto o que você sente. Você chama de medo.
Eu chamo de um convite à ação.

Morehei Ueshiba, criador do aikidô

As mentes individuais
estão conectadas a
uma mente universal.
Tudo o que as
pessoas precisam
fazer é descobrir
como encontrá-la e,
então, alcançá-la
quando precisarem
dela. O carma é a
simples verdade:
você colhe o que
plantou.
— Willie Nelson
(CAV)

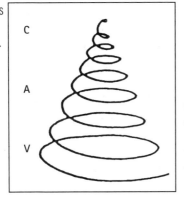

Maneira mais fácil de aprender:
experimentar/ouvir/ver

Maneira mais fácil de expressar:
fazer/dizer/mostrar

Instantâneo do padrão

Você reconhecerá as pessoas com o padrão CAV pela maneira como elas parecem estar presentes em seu corpo ativo e pelos olhos tímidos, sensíveis. Elas parecem estar em constante movimento. Mesmo sentadas, raramente ficam quietas. Elas preferem se relacionar com o mundo primeiramente de alguma forma palpável — tocando, provando, cheirando ou experimentando qualquer coisa nova com as mãos ou com o corpo inteiro. Elas tendem a ser bem coordenadas, atletas "natas" que gostam de esportes competitivos, com um estoque interminável de energia física.

Os CAVs aprendem com facilidade as coisas que envolvem o uso do corpo e os seus movimentos são fortes, firmes, diretos e detalhados. Gostam de trabalhar com as mãos, consertando carros, mexendo com madeira. São "realizadores" competentes e preferem ficar em pé e agindo do que sentados. Em geral, têm uma surpreendente energia física e fazem as coisas de maneira lógica.

As pessoas com este padrão são capazes de acessar e verbalizar sensações corporais de forma específica, organizada. Elas podem dizer exatamente onde dói a cabeça, que músculo da perna está distendido ou, precisamente, onde querem que você coce as suas costas. O conforto físico é muito importante para elas. Não medem esforços para

131

encontrar a cadeira certa, a posição correta para sentar ou para encontrar roupas com o peso e a textura corretos.

O toque ocorre natural e facilmente para a maioria dos CAVs e é uma forma de conexão casual, porém importante. Eles precisam tocar e ser tocados e estão profundamente conscientes das suas emoções. Mas você não saberá o que estão sentindo pelo seu rosto. Eles podem ter um rosto sem expressão e o corpo fala por eles, pela sua maneira de ficar em pé, movimentar-se ou tocar.

Os gestos dos CAVs geralmente antecedem as palavras, como se o movimento os ajudasse a conduzi-las para fora, como a batuta de um maestro. Gostam de falar do que fizeram, como fizeram e como se sentiram fazendo. Tendem a se aborrecer com facilidade na discussão de idéias abstratas. Entretanto, são muito eficazes falando de ações, usando muito vocabulário cinestésico — palavras e frases que descrevem ações ou sentimentos, como: "Tenho a sensação", "Como isso afeta você?" ou "Eu não consigo mexer nesse assunto". Podem encerrar uma conversa dizendo: "Apanho você mais tarde" ou "Vamos nos ver logo". Freqüentemente, usam metáforas cinestésicas ao falar: "Arremesse rápido e com força, como uma bala".

> Algumas vezes, a pele parece ser o melhor ouvinte, pois ela formiga e se arrepia, digamos, com um som ou um silêncio; ou a fantasia, a imaginação: como ela explode em imagens internas enquanto escuta e responde, forçando a sua linguagem, as suas formas, no corpo que escuta.
> — M.C. Richards, *Centering*

Os CAVs são especialmente habilidosos para ensinar as pessoas a fazer coisas, pois, para eles, é fácil traduzir a ação em palavras. Muitas vezes, querem convencer os outros a fazer as coisas do seu jeito.

Às vezes, precisam organizar as idéias em voz alta. Podem começar uma conversa falando sobre suas diferentes escolhas, mas, no final, saberão quais delas funcionarão melhor, por terem falado a respeito.

Os CAVs preferem desviar o olhar, lançando olhares ocasionais para a pessoa com quem estão conversando. Quando precisam "olhar" alguma coisa durante muito tempo, os olhos ficam distantes ou vidrados. Eles podem escutar atentamente, fazendo pouco ou nenhum contato visual, mesmo quando estão ocupados fazendo alguma outra coisa. Muitos CAVs agem tímida ou rudemente quando são olhados em público, principalmente por estranhos.

132

As pessoas deste padrão são profundamente influenciadas pelas imagens visuais externas. Olhares desagradáveis, indicando julgamento ou crítica, podem ser muito mais dolorosos do que castigos físicos ou verbais. Mesmo a aparência da comida num prato pode ser ofensiva para elas. Igualmente, sorrisos e olhares de apreciação podem deixar uma impressão duradoura. Bilhetes, cartões ou imagens escritas ou desenhadas também podem afetá-las durante muito tempo.

Com freqüência, os CAVs são leitores relutantes; seus olhos têm dificuldade para focalizar os detalhes da impressão minúscula, pouco espaçada. Assim, tendem a ler pouco, mas, quando e se o fazem, mergulham totalmente na leitura, lembrando com muita facilidade o que aconteceu ou como eram os personagens.

> Nossa mente deseja roupas, tanto quanto o nosso corpo.
> — Samuel Butler

Escrever pode ser uma tarefa difícil para as pessoas deste padrão, podendo ser também a sua forma de arte se puderem executá-la no próprio ritmo, sem muitas críticas. Os CAVs podem ficar sobrecarregados pelo excesso de material visualmente detalhado. Eles preferem receber uma visão mais ampla, o "quadro maior", podendo capturar o todo de alguma coisa apenas com uma rápida olhadela. Conseqüentemente, também são ótimos para encontrar coisas. São capazes de localizar uma agulha num palheiro.

Retrato: Andy Bryner, uma casa dividida

Quando criança, eu adorava aprender. Eu ia trabalhar com o meu pai nos campos de petróleo na Pensilvânia e, enquanto passávamos pelos bosques, num jipe, eu fazia milhares de perguntas. Ele me ensinou tudo de geologia, dinossauros, camadas de rochas e eletricidade, pacientemente explicando e desenhando. Ele construiu um pequeno espaço de trabalho para mim, uma casa de ferramentas no bosque, onde eu brincava, imitando-o.

Quando fui para a escola, a ênfase na minha vida mudou para que eu pudesse me encaixar e ter boas notas. Eu tentava agradar a todos, mas o meu corpo parecia estar contra a minha mente — eu me sentia dividido. O professor estava sempre dizendo para eu ficar quieto. Mas, se eu não balançasse, me sentia como se o mundo estivesse se fechando sobre mim, como se estivesse numa prisão.

133

Ao ficar mais velho, aprendi que aquilo que era mais importante para mim, os meus sentimentos, deviam ficar quietos e controlados. O que eu amava — alpinismo, esportes, usar as mãos — era para os atletas. Se eu fosse atrás daquilo, jamais chegaria a algum lugar. Assim, tirava notas "A", parecia bem, por fora, mas ficava cada vez mais infeliz por dentro. Boas notas, depois um bom emprego, os contatos certos, a imagem certa. Aprendi a sobreviver e a parecer bom, simulando. Dentro de mim, eu sabia que estava fingindo. Fora, ninguém se importava. Durante a faculdade, o casamento, um emprego em Manhattan, um doutorado em administração, uma parte de mim mesmo estava morrendo. Na dor de fingir, tornei-me cada vez mais viciado em "portas dos fundos": casos extraconjugais, álcool, drogas, qualquer maneira de conseguir alguns momentos roubados, recompensas secretas, para entorpecer a dor e controlar o que eu sentia. A minha energia vacilava entre explosões de raiva e indiferença. Minha mente estava dividida entre paixões secretas e estratégias.

> As escolas realmente castigam os alunos cinestésicos e recompensam os auditivos e visuais. As pesquisas mostram que os leitores iniciantes e os maus leitores tendem a ser fortemente cinestésicos.
> — Marie Carbo e Rita Dunn

Na época dos assassinatos em Kent State, atingi um ponto crítico. Meu espírito estava sangrando internamente. Abandonei o doutorado, divorciei-me e me tornei aprendiz de carpinteiro. Após algum tempo, deixei o trabalho com a madeira e comecei a trabalhar com pessoas, como terapeuta corporal e, depois, como assistente quiroprático. Com o apoio de Dawna, comecei a aprender o padrão da minha mente e voltei a me familiarizar com os meus sentimentos. Passei a respeitar a maneira como a minha mente funciona.

Durante toda a minha vida, quis tocar as pessoas, mas onde cresci os corpos e os toques eram tratados como coisas sujas, secretas, sem importância, proibidas. Mas, por intermédio do trabalho dela, pela primeira vez desde que tinha seis anos, eu soube que estava no caminho certo. Comecei a compreender o que eu estava fazendo com a minha energia. Minha mente estava viva como nunca estivera na escola. Eu segui a *sua* maneira — experimentar, primeiro fazendo, depois discutindo, depois lendo. Aprendi anatomia, fisiologia, nutrição, rapidamente, porque tudo era apresentado numa linguagem que a minha mente podia compreender. Eu não precisava tentar nem usar a força de vontade para me concentrar, era tudo natural. Passei a compreender que eu sempre desejara tocar, me movimentar, fazer, porque é isso o que o meu cérebro precisa para processar as informações. Os sentimentos eram tão importantes para mim porque eram a minha linguagem natural. Não havia nada de errado comigo! Eu *não* era esquizofrênico, pervertido ou muito sensível!

> O espírito criativo cria com qualquer material disponível: comida, crianças, componentes, palavras, pensamentos, pigmento, um guarda-chuva, um copo para vinho ou uma tocha. Nós não somos artistas apenas quando estamos no estúdio, assim como um homem não é sábio apenas em sua biblioteca. Ou um devoto apenas na igreja. O material não é o sinal do sentimento criativo pela vida: do calor, da compreensão e da reverência que nos encoraja a ser; as técnicas não são o sinal. O sinal é a luz que reside no ato, seja qual for a sua natureza ou meio.
> — M.C. Richards, *Centering*

Também comecei a entender a afinidade que sempre sentira com os fazendeiros, trabalhadores, carpinteiros, garçonetes e muitos outros que pareciam perdidos na multidão, acreditando que jamais chegariam a algum lugar. Comecei a entender a compaixão que sempre sentira por aqueles que se sentiam presos em trabalhos pesados, no exército ou em prisões e, com freqüência, em vícios.

Acho que tenho sorte. Agora, compreendo que é possível ser inteiro, ter o meu corpo, a minha mente e a paixão sob o mesmo teto, numa casa que não precisa de portas dos fundos, onde 35 anos de dor e raiva por ter de fingir finalmente podem descansar.

Um manual do proprietário para se dar bem com CAVs

Apoiando o seu canal cinestésico

Você pode se conectar bem com pessoas desse padrão compartilhando atividades, sendo fisicamente carinhoso e deixando-as saber que você valoriza o que elas fazem e que elas sabem fazer.

Troque novas maneiras de fazer as coisas. Não insista para que elas fiquem paradas. Lembre-se de que o movimento, a inquietação, as ajuda a permanecer alertas. Lembre-se também de que, para elas, a vida é ser útil.

Respeite a sua necessidade de ficar fisicamente confortável. Elas se distrairão facilmente quando estiverem usando roupas mal-ajustadas ou que irritam a pele. Compreenda que elas talvez tenham que adaptar constantemente a sua posição para manter o conforto. Podem ser muito exigentes com roupas de cama, móveis e equipamentos esportivos. As pessoas deste padrão agem primeiro e falam depois. Se você ficar assustado com os seus movimentos ou suas ações abruptas ou se elas representarem o que estão sentindo em vez de falar a respeito, estimule-as a caminhar com você ou realizar alguma atividade física — jogar bola, atirar pedras no rio — e então espere e escute as palavras que virão. Elas preferem que você seja explícito a respeito dos seus limites com relação a comportamentos aceitáveis ou não.

Apoiando o seu canal auditivo

Convide os CAVs a falar dos seus sentimentos e experiências pessoais. Em vez de perguntar, "O que você está pensando?" tente: "O que você está sentindo?" ou "O que você tem feito?".

Conversem enquanto estão fazendo alguma coisa: caminhando, jogando basquete ou preparando o jantar. Segurar alguma coisa nas mãos e brincar com ela também pode ajudá-los a prestar atenção, assim como a proximidade física, ao seu lado, em pé ou sentado, em vez de na sua frente. Fale com eles por meio de ações ou palavras emocionais; explique as coisas em termos de como fazer algo, como funciona ou como poderia ser.

Dê-lhes tempo para organizar as idéias em voz alta quando estiverem confusos. Para eles, é importante falar até o fim e avaliar o que ouvem, bem como aprender a falar a sua verdade. A música pode ter um efeito poderoso no estado físico e emocional das pessoas deste padrão. Canções suaves ou música instrumental podem ser eficazes para acalmá-los ou fazê-los adormecer. Eles também gostam de cantar e tocar música — como uma saída para a auto-expressão criativa e a energia física.

> Milhões de pessoas anseiam pela imortalidade e não sabem o que fazer consigo mesmas numa tarde chuvosa.
> — Fonte desconhecida

Apoiando o seu canal visual

A mente dos CAVs enxerga rapidamente o todo de uma situação, considerando soluções a partir de uma perspectiva ampla; ao mesmo tempo, eles têm dificuldade para observar detalhes visuais. Por exemplo, podem olhar para alguém e dizer o que a pessoa está sentindo sem notar a cor dos seus olhos ou a sua roupa. Pergunte sobre os seus sonhos e fantasias. Converse sobre um plano de ação, passo a passo, que lhes possibilitará transformar uma visão ou imagem em realidade. Respeite a sensibilidade do seu canal visual. Não diga o que eles devem olhar nem pergunte o que viram ou não viram. Respeite a sua decisão de fechar os olhos ou se afastar de imagens visuais dolorosas ou desconfortáveis. As "imagens" agradáveis e desagradáveis podem permanecer na sua mente por muito tempo.

11

Voltando-se para si mesmo

*A maioria das pessoas é subjetiva em relação a si e
objetiva com todas as outras, algumas vezes,
terrivelmente objetiva; mas, na realidade,
a verdadeira empreitada é ser objetiva consigo mesma
e subjetiva com todos os outros.*

Soren Kierkegaard

**Este capítulo ilustra o emprego dos padrões pessoais de
pensamento para libertar o seu pensamento e se relacionar com
os "mesmos velhos problemas" de novas maneiras. Pela prática
empírica e histórias sobre como as pessoas de cada padrão
usaram essa abordagem, você conhecerá maneiras mais
profundas para colocar em prática essa informação em sua vida.**

A maioria dos adultos aprende fazendo a si mesmos três perguntas. Cada uma é um portão que, dependendo da resposta, será ou não aberto para o próximo estágio da jornada. São elas: "*O quê* (do que se trata?)", "*E daí* (como isso é relevante para mim?)", e "*E agora* (como posso usar isso na minha vida?)".

Uma mente que se amplia para receber uma nova idéia nunca retorna à sua dimensão original.
— Oliver Wendell Holmes

Na manhã do segundo dia dos *workshops* nos quais estávamos dando essas informações, as pessoas entravam na sala com a mente cheia de perguntas do tipo: "E agora?". Em geral, as primeiras perguntas eram sobre outras pessoas, dos "eles" em sua vida, não dos "eus": "O que você sugere que eu faça para minha tia Mary compreender que o cérebro do tio Sylvester usa um padrão CAV e que por isso...?".

Sempre pedimos que as pessoas apliquem essa aprendizagem em si mesmas em primeiro lugar, e que a usem como uma ferramenta para se relacionar consigo mesmas, antes de usá-la no relacionamento com os outros. Como este capítulo está cheio de histórias a respeito de como outras pessoas fazem isso, gostaria de convidá-lo a experimentar o movimento da sua própria mente na espiral, como um ponto de entrada para o resto do capítulo.

A prática a seguir foi inspirada em Aldous Huxley. Ele costumava chamá-la de "reflexão profunda" e praticava-a durante cinco ou dez minutos quando estava sem ação, tentando lidar com algum rasgo na trama do seu pensamento. Ela parece ajudar a mente a se equilibrar e mudar o foco, dirigindo-o para o local onde você está livre e é capaz de agir.

Conhecendo empiricamente: navegando no rio da sua mente

- *Redirecione sua atenção, desviando-a de onde ela está, sem ação, para uma percepção do mundo externo: comece percebendo-o por meio da linguagem simbólica da sua mente consciente, durante alguns minutos (no meu caso, seria perceber o que vejo). Enquanto inspira, sinta como os seus olhos e os seus ouvidos ou a sua pele estão absorvendo aquilo que você percebe.*

- *Agora, volte a perceber o mundo pela linguagem simbólica da sua mente subconsciente (Eu fiquei consciente dos sons ao meu redor, do farfalhar dos papéis ao vento...).*

- *Lentamente, deslize para uma percepção ampliada pelo modo inconsciente (Estou flutuando na sensação da minha respiração, indo e vindo, sentindo o cheiro de noz-moscada...).*

- *Em determinado ponto, a mente pode começar a "mergulhar" em imagens — visões, canções, sentimentos, idéias. (...o que me faz lembrar da primeira vez que provei gemada, com Adrienne Fisher, na véspera de Ano Novo, quando tinha doze anos.) Permita-se apenas seguir a sua mente para onde quer que ela vá, durante alguns minutos.*

- *Quando estiver pronto para observar as coisas externamente outra vez, concentre-se de novo, revertendo o processo, aumentando a sua percepção do modo que desperta a sua mente subconsciente, depois a mente consciente, enquanto volta totalmente alerta ao momento.*

> Confie naquilo que você ama, continue confiando e isso o levará aonde você quer ir. E não se preocupe muito com a segurança. No final, você sentirá uma profunda segurança ao começar a fazer aquilo que deseja.
> — Natalie Goldberg, *Writing down the bones*

Apenas por um instante, preste atenção à maneira como você foi afetado por tudo isso. Se foi fácil ou difícil, estranho ou delicioso não é tão importante quanto saber de que maneira isso afetou o seu ritmo, a sua clareza, o seu senso de equilíbrio.

As pessoas que gostam de controlar sua vida de maneira estabelecida consideram essa prática muito desafiadora. Permitir que a mente *seja* moldada pela experiência presente pode ser tão desconfortável quanto andar de bicicleta pela primeira vez sem usar rodinhas auxiliares. Mas, como essa prática é natural para a mente, assim como o equilíbrio, provavelmente, você descobrirá que dentro de pouco tempo a realidade será um passeio delicioso.

Conhecendo metaforicamente

No Havaí, é comum as pessoas contarem histórias. Você se senta numa cadeira de vime, na varanda de uma casa, e as pessoas começam a contar como fizeram aquela cadeira e como a avó as tinha ensinado a trançá-la com plantas que crescem atrás da casa, nas montanhas vizinhas. O entrelaçamento das histórias também é um meio de nos envolver numa comunidade de aprendizagem muito mais ampla, a qual inclui o passado, o mundo natural e a sabedoria da tradição que, por seu intermédio, pode ser passada para o futuro. Essas histórias das experiências de outras pessoas giram em nossa própria vida, apresentando as lições sob um novo ângulo. Então, podemos captá-las intuitivamente, abrindo a mente para compreender os múltiplos significados e conexões que talvez não tenhamos notado.

> Independência é a capacidade desenvolvida de cuidar de nós mesmos adequadamente, em vez de nos agarrarmos aos outros para conseguir proteção.
> — Sheldon Kopp, *Raise your right hand against fear*

Enquanto você se acomoda mais profundamente no local em que se encontra agora, vamos contar histórias sobre como usar essa informação. As histórias a seguir são versões resumidas de sessões reais de aprendizagem entre Andy e eu, e pessoas de cada padrão de pensamento que participaram de um *workshop* na década de 1980. Elas ilustram as implicações e aplicações da aprendizagem de como usar a mente em sua maneira natural. Todos os nomes e características pessoais foram modificados.

AVC: Domine e acerte o alvo

Uma mulher descobre como pode usar a mente alfa, visualmente despertada, para não sobrecarregar a si mesma e aos outros com um ataque verbal de imaginação hiperativa.

Betsy era orientadora de um dos nossos grupos de supervisão, uma mulher vigorosa, de quarenta e poucos anos, com um humor afiado e sarcástico. Ela apresentou o seu problema numa rajada rápida de linguagem precisa.

"Uma das coisas que tenho observado recentemente no trabalho é que depois de conversar um pouco com as pessoas, as suas pupilas dilatam e elas deixam de prestar atenção. Em geral, fico me criticando por tê-las aborrecido. Então, fico constrangida e totalmente fora de equilíbrio."

"Quero ter a certeza de ter entendido, Betsy", eu respondi. "Vamos criar a mesma situação aqui. Escute atentamente o seu processo de pensamento enquanto eu assumo aquele olhar vazio. Apenas observe o que você diz para si mesma e que tipo de imagens surgem na sua mente."

Ela começou a conversar de maneira direta. Imediatamente, "saí do ar".

"Humm, bem, isto é interessante. É um pouco estranho diminuir tanto o ritmo do meu processo, mas estou dizendo a mim mesma que a estou aborrecendo e, então, vejo imagens, como se eu estivesse me olhando com os seus olhos, como se eu fosse uma câmera escondida atrás da sua cabeça. Dentro da minha cabeça, numa voz irritada que lembra a da minha mãe, estou dizendo que estou fazendo papel de boba e que sou uma matraca. Isso me deixa nervosa. Muito familiar, devo dizer."

"Muito bem. Então, você está fazendo o que sempre fez e conseguindo o que sempre conseguiu. Dessa vez, vamos fazer diferente. Quando perceber aquele olhar vidrado nos meus olhos, continue olhando para fora, com os *próprios* olhos, enquanto respira. Diga-me exatamente o que está vendo. Em vez de atribuir algum significado àquilo que está vendo, pergunte-me o que está acontecendo. Você entendeu?"

"Sim. Tudo bem. Estou falando sem parar e agora os seus olhos estão ficando vidrados. Estou vendo a sua boca relaxar, as pálpebras tremerem, os seus dedos agitados no colo e os seus pés começando a mexer. Vejo os seus olhos desviando e observo as suas mãos e começo a imaginar que você não está prestando atenção em mim e está aborrecida. Isso é verdade, Dawna, você está aborrecida?"

> As necessidades das crianças são atendidas melhor por adultos cujas necessidades são atendidas.
> — Jean Clarke

"Já que você teve coragem de perguntar, Betsy, responderei honestamente. Eu não estou nem um pouco aborrecida. Quando ouço muitas palavras, preciso me mexer e desviar os olhos para absorver o que estou ouvindo. Se eu olhar para você diretamente, paro de prestar atenção."

"Tudo bem. Mas e se alguém me disser que *está* aborrecido? Isso seria terrível".

"Quando você espreme uvas, obtém vinho. Quando espreme sementes, obtém óleo. Se as pessoas lhe disserem que estão aborrecidas, você pode perguntar o que *seria* interessante para elas naquele momento. Talvez a mente inconsciente delas seja despertada pelo canal auditivo e não consiga receber mais informações sem um pouco de silêncio. Se você continuar olhando para fora com os próprios olhos, em vez de começar a ver filmes imaginários de tortura no cinema da sua mente, começará a ver as primeiras pistas indicativas."

"A sua maneira habitual é um grande processo para criar. Se você quer escrever um poema sobre uma árvore, por exemplo, pode olhar para um olmo e deixar a mente começar a imaginar o que ele deve sentir sob uma tempestade, e escrever a partir da perspectiva do olmo. Isso funciona muito bem para criar. Só que é terrível para se relacionar!"

ACV: De Vesúvio a Stradivarius

Um talentoso advogado descobre como a sua mente alfa, cinestesicamente despertada, intuitivamente abre e fecha as possibilidades de maior intimidade.

> Finalmente, você compreende que a verdadeira motocicleta que está consertando é você mesmo.
> — Robert M. Pirsig, *Zen e a arte da manutenção de motocicletas*

Sarge é um advogado alto, com olhos azuis muito penetrantes e um rosto sem expressão. Os movimentos do seu corpo parecem enfatizar suas palavras fluentes, intensas.

"O que mais gosto naquilo que faço é negociar pelo telefone, onde não preciso ser visto. Quando estou no tribunal, algumas vezes, sinto-me como uma panela de pressão. Os outros advogados podem rebater palavras para lá e para cá, com pouco ou nenhum esforço, mas eu sinto cada palavra. Sou muito sensível", disse ele com grande intensidade.

"Aconteceu hoje, na hora do almoço. Fui a um restaurante sírio com Betsy, que também é advogada, e iniciamos uma discussão sobre restaurantes. A outra coisa que percebi é que eu estava fugindo e correndo em direção ao centro. Era como se o meu corpo tivesse explodido e assumido o comando. Finalmente, encontrei-me dentro de uma loja de música, acariciando um violino."

Aproximei-me de Sarge para ele não ter de me olhar diretamente. Depois de uma rápida explicação de como o padrão de pensamento ACV da sua mente costumava trabalhar, eu disse: "Vamos imaginar que o seu corpo é o porta-voz da sua intuição. Quando ele o

143

conduziu até aquela loja, ele estava tentando trazer uma importante pergunta à sua consciência. Qual seria ela?"

Ele fitou o vazio por um longo momento, uma das mãos distraidamente alisando o maxilar de Dick Tracy. "Acaba de me ocorrer um pensamento interessante. Eu não compreendo o que ele tem a ver com a minha fuga para a loja, mas estou muito interessado nele: "O que eu preciso saber a meu respeito para poder me abrir e ter mais intimidade na minha vida?'"

"Bom. Agora, vamos imaginar que o seu corpo também estava, respondendo a essa pergunta. O que aconteceria na sua vida se você tratasse a si mesmo da maneira como tratou aquele violino?"

Ele deu de ombros. "Não tenho certeza de haver entendido o que você quis dizer. Eu o acariciei e o toquei um pouco, escutei o timbre e a qualidade que ele produzia. Era um instrumento bom, bem-feito."

"Certo, e se você considerasse a *si mesmo* como um instrumento bom e bem-feito, em vez de um homem 'muito sensível'...? Se escutasse as sensações no seu corpo e as seguisse, como se elas fossem as vibrações da sua alma? Se você se movimentasse sempre que o seu corpo quisesse? Se permitisse que os seus olhos fechassem ou vagassem, como eles fariam se você estivesse tocando um bom violino, em vez de forçá-los a fazer contato?"

"É uma idéia interessante. Eu teria que tentar para ter certeza de que daria certo."

Pedi a Betsy para se aproximar e ficar na frente de Sarge e começar a discutir com ele novamente. Ela não teve nenhuma dificuldade com essa tarefa. Tudo o que Sarge dizia, ela contradizia, e quando sua voz começou a aumentar e pressionar, ele começou a caminhar lentamente, olhando para longe, acariciando o maxilar, esticando e torcendo o corpo. Suas palavras reverberavam com intensidade. Betsy começou a murmurar e, então, ficou em silêncio. Ela concordou com a cabeça e a discussão foi encerrada.

> Compromisso significa: "Vou ficar com você e apoiar a sua experiência de bem-estar".
> Dependência significa: "Sem você eu não faço nada".
> — Stewart Emery

Sarge atirou a cabeça para trás e berrou. "Isso foi maravilhoso. Minha raiva começou quando Betsy estava discutindo, mas assim que comecei a andar e a olhar para longe, ela diminuiu e ficou mais parecida com paixão. Eu não estava mais com medo de me envolver ou de me aproximar. Surpreendente!"

"Com certeza, você é. Da maneira como o seu instrumento funciona, quando você escuta, o modo consciente da sua mente é despertado e começa a se abrir.

Quando você fica parado, sua mente do meio continua se abrindo, e quando tenta fazer contato visual, com o olhar fixo em alguém, sua mente inconsciente abre-se totalmente. A intensidade das palavras da outra pessoa entra profundamente em você. Isso pode ser maravilhoso quando você está fazendo amor, mas na comunicação comum, deixa-o muito absorto.

"O movimento se torna um filtro. Ser capaz de escolher quão profundamente você vai receber alguém pode deixá-lo muito mais seguro com a intimidade. Encerro o meu caso, sr. Stradivarius."

VAC: Paralisia pela análise

Usando uma nova perspectiva consciente, uma professora aprende uma nova maneira de flutuar no mar cinestésico inconsciente dos seus sentimentos, em vez de se afogar neles.

Os óculos de aro de tartaruga de Anna pareciam uma espécie de pára-brisas dos enormes olhos castanhos. Enquanto ela falava, seu rosto magro, emoldurado por cabelos ruivos flamejantes, refletia as suas palavras rápidas e vigorosas.

> Não temos apenas a capacidade de perceber o mundo, mas a capacidade de alterar a nossa percepção dele; mais simplesmente, podemos mudar as coisas pela maneira de olharmos para elas.
> — Tom Robbins,
> *Even cowgirls get the blues*

"O meu problema é que continuo analisando demais todas as coisas, Dawna. Desde que estou participando desse *workshop*, tenho ouvido as pessoas falarem dos seus sentimentos, mas não tenho nem certeza de ter algum. Bem, talvez eu fique zangada de vez em quando, mas isso é tudo." Seu peito era afundado, como se alguém o cutucasse freqüentemente naquele lugar.

"Fico cansada analisando, classificando, até ficar presa no mesmo velho círculo vicioso, um *hamster* dentro da gaiola. Não consigo dormir à noite, mesmo estando exausta. Mas não conheço nenhuma outra maneira de ficar comigo mesma."

Enquanto falava, a sua voz diminuiu, como se o fato de encontrar as palavras certas houvesse de algum modo começado a aliviar uma pressão invisível.

"Está claro que você não pertence a nenhum tipo de gaiola, Anna", eu disse. "Geralmente, quando uma pessoa está frustrada como você, é porque que a mente subconsciente está sem ação. O que eu estou ouvindo você dizer é que tem falado consigo mesma da mesma antiga maneira e tem conseguido os mesmos velhos resultados. Certo? Ela concordou com a cabeça. "Exatamente. Então, começo a ficar excitada e a andar de um lado para o outro sem fazer nada para calar a minha mente. Algumas vezes, é mais fácil apenas ficar perdida, assistindo à televisão."

"Parece que o fato de andar freneticamente para lá e para cá a impede de notar esses sentimentos confusos. Falar depressa também teria esse objetivo. E a televisão barra qualquer sentimento que possa ser transmitido em palavras. Se você pudesse enxergar outra saída, tenho certeza de que a usaria." Fiz uma pausa. Ela concordou. "Quando criança, o que você aprendeu sobre ser você mesma enquanto sentia diferentes tipos de emoções?"

"Você está brincando? A minha mãe estava zangada o tempo todo e o meu pai estava sempre bêbado."

"Bem, como você poderia ter aprendido a responder a qualquer outro sentimento?"

"Acho que não aprendi. Talvez seja isso que eu esteja tentando fazer assistindo tanto à televisão. Mas eu não sou mais criança", ela disse.

"Vamos mudar para outro modo de pensamento para que você possa obter uma perspectiva diferente. Desenhe um esboço daquilo que a representa nesse círculo vicioso, classificando e analisando demais em vez de sentir."

Sem pensar, Anna agarrou um lápis preto e um vermelho, colocou-os na mão e rabiscou uma espiral estreita. Quando terminou, afastou um pouco o desenho à sua frente, deixando os lápis de lado.

Respondi imediatamente: "Está certo. Na verdade, afaste o desenho ainda mais, Anna, para poder olhá-lo com curiosidade e até mesmo com um pouco de compaixão, da maneira como você esteve olhando as outras pessoas nesse círculo durante a tarde inteira. Na realidade, levante e caminhe para poder vê-lo sem senti-lo."

> Há muito tempo, os índios sabiam que a música tocava permanentemente e que ouvi-la era como olhar pela janela para uma paisagem que não sumia quando se virava as costas.
> — John Cage

Com os braços cruzados sobre o peito, Anna se afastou e caminhou num amplo círculo ao redor do desenho, olhando-o, inclinando a cabeça para um lado e depois para o outro.

"Ele parece um caracol enrolado em si mesmo, o corpo macio todo ferido de esfregar no concreto. Ele não tem concha e está assustado."

"A partir dessa perspectiva e daquilo que você aprendeu ensinando crianças, como você reagiria a essa criatura?"

Ela caminhou lentamente em direção ao desenho e, então, sentou-se em cima dele, os braços ainda abraçando o corpo. Ela começou a balançar devagar, em círculos. Com o movimento, vieram lágrimas silenciosas.

"Agora você descobriu outra maneira de andar em círculos quando estiver sentindo alguma coisa — uma maneira que parece muito mais compassiva e confortadora do que uma gaiola de *hamster*."

"Isso me faz pensar em quando eu era criança e ficava assustada porque meus pais gritavam comigo. Eles me mandavam ir para o quarto. Eu me enfiava na cama, puxava o cobertor sobre a cabeça para que ninguém pudesse me ver e contava histórias para mim mesma. Eu costumava desejar que o cobertor fosse uma concha dura para me proteger das mãos que costumavam me bater." Ela fez uma pausa e olhou para o vazio. "Como eu chamava aquele cobertor? Eu o tive até os oito ou nove anos de idade." Alguma coisa estalou em sua mente, os olhos entraram em foco e ela sentou-se ereta. "Eu sei. Eu o chamava de 'Liza!' Não me lembro por que eu o chamava assim, mas Liza era o nome dele. Eu não pensava nisso há anos!"

Eu não ia dizer nada, mas não pude resistir. Sorrindo, respondi: "Quando a vejo assim, Anna, abraçada a si mesma e balançando em círculos, fico ouvindo a palavra *'overanalys'*.[*] O que você ouve quando digo isso?"

Seu rosto se iluminou "O nascer do sol numa manhã de abril".

"Isso é estranho... eu nunca percebi... soa como se você estivesse dizendo "over Anna", Liza,[**] que é

Um cão não é considerado bom porque sabe latir bem. Um homem não é considerado bom porque sabe falar bem.
— Chuang Tzu

---

[*] *Overnalyse* — analisar exageradamente, analisar demais.

[**] Trocadilho sem correspondência em português: *over Anna, Liza*: sobre Anna, Liza. (N. da T.)

como eu me sinto quando estou segura, como se o meu velho cobertor Liza estivesse sobre mim, cobrindo-me com conforto. Que estranha coincidência!"

"Talvez. Mas, talvez a sua mente inconsciente esteja tentando comunicar alguma coisa a respeito de como você pode estar consigo mesma quando sentir todas essas emoções que não têm palavras. Talvez ela esteja tentando sugerir à sua mente subconsciente que você precisa ser confortada!"

Anna balançou a cabeça, confusa. "Isso é muito surpreendente!"

Não consegui me segurar. "Sim, Anna, com certeza, você é!"

VCA: Do carrossel à bússola

Uma editora de filmes aprende uma nova estratégia para usar sua mente e viver de dentro para fora, no próprio ritmo, em vez de viver como uma diretora crítica e hiperativa.

"Para mim, a vida geralmente parece um carrossel, que continua girando cada vez mais rápido até tudo se transformar num borrão. Quando saí para caminhar depois do almoço e segui a minha mente como você sugeriu, Dawna, tirei os sapatos e me senti tão tranqüila, centrada, acho que é assim que você diz. É óbvio que a minha mente estava funcionando de outra forma, mas não sei como fazer isso na minha vida cotidiana. Portanto... E agora?"

Os olhos de Jennifer não me deixavam escapar. Eles eram brilhantes, presentes, insistentes — tudo o que eu podia notar, até ela se mover. Apesar de ter quase cinqüenta anos, seu andar era amplo, aberto, com uma facilidade quase infantil.

Seu marido, Jim, estava sentado ao seu lado, irrequieto, as pernas cruzadas. Decidi começar com uma metáfora com a qual ela estava familiarizada.

"Sempre que sua mente muda de função, é como um computador mudando para outro programa de *software*. A linguagem que ele usa para organizar a experiência é visual, mas a linguagem que o estimula a se organizar é cinestésica, certo?"

Novamente, ela concordou sem hesitação. "Pela sua maneira de descrever o processo, parece que você perde o seu centro porque

O que significa que eu tenho medo de ficar sozinho com aquilo que sinto.
— Doris Lessing, *O carnê dourado*

geralmente sai de si mesma, se observa e faz um comentário a respeito de como 'Jennifer' está se saindo."

Como ela continuou concordando enquanto eu falava, prossegui: "A partir do que você disse, ao fazer aquela caminhada, você permaneceu dentro da própria pele, enxergando com os próprios olhos. Ao tirar os sapatos, começou a perceber a sensação da grama sob os seus pés, o que a manteve consciente e cinestesicamente receptiva. O que aconteceu com as vozes na sua mente quando você estava caminhando pela rua?"

Minha pergunta pareceu surpreendê-la. Ela balançou a cabeça, passou um dedo nos lábios. Suas mãos começaram a mexer antes da boca, como se estivessem pintando as palavras antes de serem pronunciadas. "Bem, acho que tudo ficou muito silencioso. Eu ouvia os pássaros, o ruído dos meus pés, apenas o que estava acontecendo à minha volta. A única ocasião em que me sinto tão tranqüila e relaxada é quando estou dançando alguma música que adoro. Eu fecho os olhos e flutuo nela."

"Portanto, afastar o mundo de modo visual aumenta a sua receptividade no modo mais amplo da sua mente, o auditivo. É como se a música movimentasse o seu corpo e, então, as imagens fluíssem em sua mente. O carrossel mental funciona de maneira semelhante, mas com um efeito muito diferente. Você ouve as pessoas dizendo o que deve fazer: 'Jennifer, é hora de fazer isso', 'Jennifer, preciso disso', 'Jennifer, quando você vai fazer isso?', e cada voz a arrasta numa direção diferente. Imagino que isso seja tão desconfortável quanto ser a corda num cabo-de-guerra. Assim, você pára de sentir o corpo o mais rapidamente possível. Você observa tudo girando como se fosse um pequeno carrossel de metal sendo puxado para a esquerda por um ímã e, então, para a direita por outro ímã, e então..."

"Pare, por favor, Dawna, estou ficando enjoada. É exatamente assim. Durante anos, tentei mostrar ao Jim como eu ficava sobrecarregada. Era tão ruim que eu apenas sucumbia e ficava olhando cegamente para o nada. Eu costumava tomar Valium, mas ficava tão entorpecida que ficava perdida." Imediatamente, ela inclinou e acariciou o ombro de Jim, como que para tranqüilizá-lo. "Você tem alguma idéia do que eu posso fazer?"

149

Eu não tinha certeza se ela estava perguntando para mim ou para Jim, mas respondi rapidamente. "Assim, o Valium entorpecia a sua mente cinestésica, deixando-a mais calma, porém, incapaz de navegar de acordo com uma *própria* bússola, correto? Ele apenas a deixava mais dócil?".

Ela concordou vigorosamente.

"Muito bem, vamos tentar uma experiência simples. Fique sentada lá por alguns minutos e Andy e eu iremos dizer o que queremos que você faça. Você continuará olhando para nós, como de costume."

Jennifer concordou e Andy e eu começamos a andar à sua volta, pedindo-lhe para fazer isso, para olhar aquilo, para observar isso. Ela nos observava como se estivesse nas finais de Wimbledon. Após alguns minutos, ela ergueu os braços e fechou os olhos. Quase gritando, pediu que parássemos.

"Eu detesto isso. Eu paro de ver qualquer coisa, tudo fica borrado, meu pescoço fica tenso e minhas mãos ficam imediatamente frias e úmidas."

"O que você imagina que o seu pescoço e as suas mãos estão tentando lhe dizer? Se as suas mãos falassem o que estariam dizendo?"

"Bem, quando elas ficam quentes, em geral, significa 'sim, faça, vá atrás', portanto, acho que quando ficam frias significa 'não' de alguma forma. Nunca pensei nisso antes, mas elas *realmente* ficam frias e úmidas sempre que me sinto sobrecarregada. Meus pés também. É como se minha energia os abandonasse."

"Muito bem, vamos fazer de outro jeito. Continuaremos pressionando como antes mas, desta vez, você vai levantar e simplesmente andar, observando a respiração e os detalhes visuais da sala, como fez lá fora. *Nós* não mudaremos nada. Tudo o que vai mudar será a sua maneira de *nos* responder."

Andy e eu repetimos a ladainha irritante, mas Jennifer caminhou lentamente pela sala, olhando para nós e desviando os olhos, a respiração regular e firme, os olhos vibrantes.

"Essa é a coisa mais estranha e maravilhosa, Dawna. É como se eu tivesse o meu próprio lugar. Suas vozes estão lá e eu posso ouvi-las, mas elas não parecem flechas vindo em minha direção. Vejo

> Minha solidão era como uma carta, que eu carregava comigo e para a qual olhava nervosamente, e que abria e fechava, sem nunca ler; uma carta que entreguei a cada mulher que me amou, como se essa pista para o meu anseio fosse endereçada a ela; como se eu não reconhecesse no subir e descer da escrita, a minha própria letra.
>
> — Sy Syfransky, *The sun*, dezembro *de 1989*

150

vocês tão claramente que poderia desenhá-los. É muito simples, mas absolutamente espantoso!" Ela colocou as mãos no quadril e olhou para os pés descalços. "Aposto que eles estavam tentando me dizer para eu andar e minhas mãos estavam dizendo para eu me tocar, para *sentir* o meu próprio calor em vez de *fazer* coisas tão freneticamente! É isso o que você acha?"

"O que penso realmente não importa, certo? Isso parece ser o que o seu corpo pensa. Quando você fica sentada ou em pé, parada, absorve todas essas palavras e direções na sua mente inconsciente cativa e a sua bússola de navegação começa a girar como louca."

> Bom para o corpo é o trabalho da alma e bom para a alma é o trabalho do corpo; e bom para ambos é o trabalho do outro.
> — Henry David Thoreau

"Aha! Agora eu sei por que fico maluca quando Jim me diz todas as coisas que preciso fazer logo pela manhã, antes de eu ter oportunidade de elaborar a minha própria lista. Essa lista me organiza e me proporciona o meu norte magnético. Tenho certeza de que a mente de Jim é ACV, porque ele precisa falar as coisas para se organizar e detesta escrever qualquer coisa. Eu faço isso para ele. Obviamente, tudo o que preciso fazer é lhe pedir para esperar até eu terminar o meu próprio mapa. Será que a sanidade pode ser uma coisa tão simples?"

Antes que eu pudesse responder, ela colocou a mão na minha boca. "Não responda essa, por favor, Dawna. Gostaria de vivenciar isso sozinha durante algum tempo."

Tudo o que pude fazer foi sorrir. "Que essa pergunta seja um dedo apontando em uma nova direção, Jennifer."

CVA: Desatando os nós

Milton Erickson disse que uma mente poderosa pode adquirir uma capacidade a partir de uma experiência e suavemente transferi-la e utilizá-la em outro aspecto da vida dessa pessoa. Um homem aprende a fazer isso usando as suas habilidades cinestésicas para ajudar a mente teta, verbalmente sensível.

Alan veio trabalhar comigo porque ficava "atado em nós" sempre que precisava falar a um grupo de pessoas. (Mais do que uma pessoa já era um grupo.) Ele era um homem elegante, bronzeado, que

151

lembrava uma floresta de pinheiros. Ele me disse que o que mais lembrava da escola era ter de ficar em pé e ler em voz alta. "Se eu ouvia uma vez, ouvia mil vezes: 'Alan, você precisa deixar de ser tão tímido'. A princípio, eu nem sabia o que significava essa palavra, mas as pessoas pareciam sempre ligá-la ao meu nome: 'Tímido-Alan'. Eu tentava me forçar a falar e podia lidar com uma ou, em raras ocasiões, duas pessoas, mas se tivesse de ficar em pé diante de um grupo, com duas ou mais pessoas, ficava atado num enorme nó. E é exatamente isso o que ainda acontece."

> Você não pode cumprimentar alguém com a mão fechada.
> — Indira Gandhi

Como a mente de Alan usava o padrão CVA, eu sabia que ele devia estar em curto-circuito em algum lugar entre os modos subconsciente e inconsciente de sua mente. Perguntei o que ele gostava de fazer e o que fazia bem. Ele disse que praticava canoagem no rio Allagash. Isso fez surgir uma pergunta em minha mente.

"Alan, eu nunca andei de canoa, mas sempre imaginei o que vocês fazem quando a correnteza é forte e vocês querem encostar na margem para almoçar ou alguma outra coisa. Como você impede que a canoa seja arrastada?"

Ele deu de ombros. "Isso é fácil, Dawna. Eu apenas viro a proa para a margem e amarro a canoa com uma corda na árvore mais próxima."

"Como nunca fiz isso, tenho uma pergunta boba: que tipo de nó você usa?"

"Bem, eu uso um nó corrediço comum, naturalmente."

"Por que um nó corrediço?"

Ele revirou os olhos para cima. "É o tipo mais simples. Quando quero ir embora, apenas puxo a corda, o nó se desfaz e eu estou pronto para partir. Mas o que isso tem a ver com a minha timidez, Dawna?"

Em vez de responder à pergunta, entreguei-lhe um pedaço de corda que estava na gaveta da minha mesa. "Faça o tipo de nó que você usaria para ficar preso caso fosse falar a um grupo de quarenta brilhantes especialistas."

"O que é isso, Dawna? Eu estava apenas usando uma figura de linguagem."

Mesmo protestando, seus dedos longos e finos estavam habilmente torcendo e dando laçadas na corda.

"Como você chama esse tipo de nó?", perguntei.

152

"Acho que é um nó direito", ele respondeu.

Agarrei uma das pontas e puxei. O nó imediatamente ficou mais apertado. "Não me surpreende que você tenha dificuldade para falar! Eis a minha sugestão. Leve essa corda com você. A próxima vez que precisar falar a um grupo de pessoas, faça um nó corrediço nela. Um pouco antes de falar, segure a corda, olhe para o nó, pergunte-se o que você realmente deseja dizer e puxe uma das pontas, como faz com a sua canoa."

Três anos depois, Alan consegue apresentar-se em público com facilidade, diante de pequenos e grandes grupos. Ele diz que ainda carrega a corda no bolso e executa o ritual de atar e desatar o nó antes de cada palestra!

> Quando eu era criança, desenhava como Michelângelo. Precisei de anos para aprender a desenhar como uma criança.
> — Pablo Picasso

CAV: Dando sem se dar

Uma mulher aprende a fazer contato de maneira solidária, recebendo outra pessoa por intermédio de cada modo da sua mente, em vez de entrar nela compassivamente.

A pergunta mais "quente" feita num recente grupo de estudos da Costa Oeste foi: "Como prestar atenção às minhas necessidades quando estou com outra pessoa?" Júlia passou a manhã recostada, abrindo a boca como se fosse falar, e depois fechando-a. Finalmente, meia hora antes do almoço, ela começou a acenar como se fosse um galho de salgueiro sob um forte vento.

"Dawna, estou atordoada. Percebi que eu só sei ficar com as pessoas se rastejar para dentro delas, colocando a minha mente dentro do seu corpo para descobrir o que *elas* precisam. Até essa manhã, eu achava isso normal, que era assim que devíamos nos preocupar com uma pessoa. Eu *sempre* sinto as outras pessoas, mas acho que nunca senti a mim mesma."

Observando que a mente de Júlia usava o padrão CAV, percebi que a maneira mais eficaz de responder à sua pergunta seria fazendo uma experiência.

"Vamos fazer isso acontecer agora, certo, Júlia? Faça contato comigo da sua maneira habitual."

Ela se aproximou como se fosse cola líquida fundindo em mim. Inconscientemente, comecei a balançar para trás e para a frente. Ela acompanhou o meu ritmo, casualmente colocando a mão no meu ombro. Antes de continuar, achei melhor fazer uma verificação.

"Muito bem, Júlia, como você está se sentindo agora?"

"Para ser honesta, Dawna, não tenho a menor idéia... acabei de fazer a mesma coisa. De algum modo, saio de mim mesma e começo a sentir o que *você* estava sentindo, um pouco alegre, curiosa e concentrada. É o que faço o tempo todo. Mas, quando fico sozinha, estou vazia e não sinto nada."

"Acho que eu entendo. Como a sua mente usa o padrão CAV, você está me recebendo pelo canal cinestésico, tocando-me e movendo-se no meu ritmo. Então, você faz uma pergunta enquanto olha para mim e, imediatamente, a responde, jorrando para dentro de mim como se o seu braço fosse a mangueira de uma bomba de gasolina."

Ela colocou os braços ao lado do corpo e ficou olhando para os próprios pés. "Isso provavelmente é verdade, mas estou cansada de ser o posto de gasolina das outras pessoas e ficar com os meus próprios tanques vazios. Não tenho a menor idéia do que *eu* preciso."

> O mundo é um espelho e devolve a cada homem o reflexo da própria face.
> — William Makepeace Thackeray

"Naturalmente, Júlia, vamos fazer uma experiência. Vamos usar o mecanismo do problema como forma de encontrar a si mesma. Desta vez, ao me tocar, imagine que o seu braço é um canudinho. Diga a si mesma que você me levará para *dentro* de você e não o contrário. Certo?"

Ela concordou sem palavras e, novamente, colocou a mão no meu ombro. Contudo, desta vez, sua mão parecia estar flutuando no ar, enquanto ela me perguntava: "Como você está se sentindo, Dawna?".

"Bem, já que você perguntou, não muito bem. Fiquei sentada muito tempo e estou meio tensa. Minhas costas parecem feitas de papelão. E você, Júlia?"

"Interessante. Estou ótima e formigando, realmente desperta, pela primeira vez nessa manhã. Muito interessante, mas será que é tão simples? E se eu não estiver lhe tocando, o que acontecerá?"

Comecei a balançar para trás e para a frente e, enquanto Júlia instintivamente me acompanhava, empurrei seu tórax com delicadeza. Ela inclinou-se para trás, fora de equilíbrio.

154

"E então, Júlia, você estava começando a se perder novamente?"
Ela assentiu, sorrindo como se houvesse sido apanhada lambendo a cobertura do bolo com o dedo.

"Certifique-se de que você está se movendo no *próprio* ritmo para não ligar o bocal da sua mangueira na minha bomba. Ao permanecer consigo mesma, você saberá o que deseja, precisa, pensa e sente. Se perder contato com esse canal consciente, você deixará de acessar o aspecto da sua mente que a ajuda a diferenciar o que é você e o que não é." Olhei curiosamente para ela, esperando um sinal para continuar. Ela concordou com minhas palavras.

"A mesma coisa acontece quando uma pessoa fuma maconha e se identifica com todos e com tudo. A sua maneira habitual de se juntar a outra pessoa é útil em seu trabalho como terapeuta e artista. Provavelmente, ela a ajuda a estabelecer uma maravilhosa empatia, mas se você vai deixar o seu território com tanta freqüência, parece importante ter um mapa para saber como voltar para si mesma."

A próxima mensagem de que você precisa está sempre onde você está.
— Ram Dass

Júlia ergueu os braços e girou como se estivesse esquiando no gelo. Seus olhos brilhavam enquanto ela falava. "Certamente, eu quero ter uma escolha nisso tudo. Meu hábito é seguir a energia mais poderosa ao meu redor. Pratico artes marciais, e assim que toco o meu parceiro, perco o meu centro. Posso seguir, mas nunca liderar. Essa é uma das principais razões para eu não me respeitar. Até agora, a única maneira que conhecia para não fazer isso era me afastando ou me entorpecendo com cocaína. Usar o meu *braço* como um canudinho parece uma alternativa muito mais saudável!"

"Receber outra pessoa *dessa* maneira pode ser denominado de empatia e não de solidariedade. Você sentirá curiosidade a respeito de uma experiência semelhante à que a outra pessoa está vivendo, sobre quando se sentiu como ela, quando disse alguma coisa parecida, como ela funcionou a seu favor ou contra você. Em vez de se isolar, tentando manter uma "distância clínica", você estará se relacionando num nível profundo e compassivo, sem ter de abandonar ou trair a si mesma."

"Deixe-me adivinhar o que você vai dizer a seguir, Dawna. Posso lhe dizer e continuar no meu próprio corpo. Aposto que você ia dizer: 'É realmente muito simples, mas não necessariamente fácil!' Estou certa?".

155

Não havia mais nada a dizer. O riso trouxe a aprendizagem de volta para todos nós.

Respeitando a nós mesmos

Cada uma dessas histórias mostra como trazer de volta o tipo de curiosidade que nos torna receptivos à possibilidade, em vez de nos deixar tranqüilos numa velha e familiar identidade limitada. Começamos a respeitar a nossa necessidade de desviar o olhar, de silêncio ou de movimento. Começamos a sentir curiosidade sobre como dar a nós mesmos mais espaço para explorar num estado mental alfa, mais liberdade em teta e mais estrutura em beta. Começamos a usar a confiança que sentimos em nossa linguagem simbólica, dando apoio à hesitação que percebemos no outro. O desenvolvimento desse tipo de relacionamento com a mente assegura uma nova abertura nos relacionamentos com os outros e com o mundo.

> Para compreender o que outra pessoa está dizendo, você precisa aceitar que é verdade e tentar imaginar a verdade de quê.
>
> — George Miller, cientista cognitivo

12

Compartilhando o possível: unindo-se aos outros

"Eu vejo o cão". Nessa frase, "Eu" é o centro do universo.
Em nossa linguagem, esquecemos que, enquanto "eu" olho o cão,
"o cão" está simultaneamente me olhando.
É interessante observar que na língua japonesa a frase seria
"Eu e cão vendo".
Há uma troca ou interação em vez de um
sujeito agindo num objeto.

Natalie Goldberg,
Writing down the bones

Este capítulo irá ajudá-lo a aplicar o conhecimento adquirido sobre os padrões pessoais de pensamento nos relacionamentos com os outros. Ele oferece sugestões e práticas específicas para a comunicação com compaixão, bem como habilidades para traduzir a sua mensagem na linguagem da outra pessoa.

A arte da comunicação

Depois que as pessoas começam a compreender como utilizar a informação sobre o padrão particular que a sua mente usa para processar informações, elas geralmente chegam a um "canto" do seu pensamento. Sei quando estão lá porque elas se inclinam para a frente, franzem as sobrancelhas e começam a próxima frase com a palavra "mas". "Mas, Dawna, como podemos comunicar qualquer coisa, para qualquer pessoa, sabendo que todos nós usamos padrões diferentes para pensar? O que devem fazer os professores ou os empresários? Como lidar com um parceiro cuja mente usa um padrão totalmente diferente do nosso? Isso significa que devemos encontrar amigos e namorados que tenham um padrão igual ao nosso?"

> O amor sozinho é capaz de unir seres vivos, completando-os e realizando-os, pois só ele os conquista e os une com aquilo que têm de mais profundo.
> — Teilhard de Chardin

Num nível, a comunicação parece muito mais fácil quando presumimos que todos tocam os seus instrumentos mentais da mesma maneira. Só seria preciso tratar alguém do jeito que você gostaria de ser tratado e não haveria problemas, certo? Errado. Voltemos à metáfora da orquestra. Provavelmente, seria mais fácil para o maestro, para os músicos e para a platéia se todos tocassem gaita-de-boca, certo? Claro que não. Compreender a diversidade mental pode tornar mais difícil a complexidade da interação humana, mas quem gostaria de desistir da riqueza dessa diversidade?

Para isso, precisamos nos libertar de algumas pressuposições básicas a respeito de como as outras pessoas funcionam e nos tornarmos receptivos a uma investigação constante da percepção do mundo de outra pessoa e da maneira como podemos nos unir harmoniosamente a ela.

Também precisamos afinar sempre o nosso instrumento, perguntando: "Como ter acesso a mim mesmo e às minhas necessidades e, simultaneamente, ir de encontro aos outros com curiosidade?".

Essa pergunta parece estar na origem de toda falha na comunicação em relacionamentos organizacionais e pessoais.

A ponte que podemos construir para cruzá-la tem duas rampas de acesso: duas práticas básicas que nos levarão ao local em que as mentes podem se encontrar em ressonância. A primeira é extraída do aikido e exige que encontremos a nós mesmos com o outro. A segunda:

entrar no modelo de mundo de outra pessoa envolve a disposição de desviar e encontrar-se com o outro.

Você começa encontrando a si mesmo. Isso significa tornar-se totalmente presente, todas as moléculas girando em torno do seu centro de equilíbrio — sentindo o corpo, trazendo o mundo para dentro, pelos olhos e pelos ouvidos. Significa encontrar aquilo que no aikido é chamado de "intenção virtuosa". O que você precisa? O que é importante para você nesse momento?

> Não é suficiente estudá-los como besouros sob um microscópio; você precisa saber como é ser um besouro.
>
> — Roger Fisher e William Ury.
> *Getting to yes*

Quando faço essas últimas perguntas a pessoas presas em situação de conflito, com freqüência elas respondem: "Bem, eu quero que ele..." ou "A minha intenção é que ela..." Essas respostas sugerem que a outra pessoa precisa mudar para que você possa ir na direção que almeja. Finalmente, significa que é preciso manipulá-la para ela fazer o que você deseja. Como essa é uma abordagem inútil e frustrante, considere essa alternativa — dedicar algum tempo e esforço para descobrir o que realmente é importante para você naquele momento, para onde você quer ir, o que você precisa fazer para ser fiel ao seu coração.

A prática a seguir é uma extensão daquilo que você aprendeu no último capítulo e foi planejada para ajudá-lo a encontrar a si mesmo e à sua intenção. Ela envolve o equilíbrio da sua mente na presença de outra pessoa. Ela deverá tomar apenas alguns minutos e será igualmente eficaz quando você estiver tranqüilo ou quando estiver "fervendo", naquele momento de escolha logo antes do início de uma briga, que tem uma energia própria e parece irreversível, ativando a sua adrenalina. É um momento de poder quando você escolhe ficar centrado ou perder a briga.

Prática:
Centrando — encontrando a si mesmo com o outro

* *Tudo o que você precisa fazer é aumentar a sua percepção da informação que os sentidos estão lhe enviando naquele momento e especificá-la em voz alta: "Nesse momento, minha boca está seca, posso sentir as mãos fechadas, ouvir os meus*

dentes rangendo, posso ver os seus olhos semicerrados olhando para mim e os seus óculos embaçando." É isso!

*Lembre-se de observar e especificar **apenas** a informação percebida pelos sentidos.*

Evite interpretações como "Posso ouvi-lo resmungando e isso acontece porque você não consegue controlar o terrível gênio herdado do seu pai...". Não dê espaço para histórias internas de horror, os filmes água com açúcar, os sentimentos habituais. Esse não é o momento para pensamentos criativos, tais como: "Você está mastigando esse lápis porque realmente gostaria de arrancar a minha cabeça, como sempre faz quando..."

É preciso um excelente ouvido para ficar suficientemente vazio de si mesmo e ouvir claramente.
— M. C. Richards (CVA), *Centering*

Em vez de tentar controlar a sua energia ou ser controlado por ela, apenas a mencione. Isso abrirá sua garganta e suavizará seu coração, permitindo que sua energia encontre um lugar no mundo.

- *O próximo passo é perguntar: "O que preciso nesse momento? Qual é a minha intenção?". Não faça mais nenhum contato até saber. Um míssil ativado pelo calor e sem um alvo buscará a coisa mais quente ao redor.*

Entrando no modelo de mundo do outro

Depois de saber onde você está e aonde quer ir, depois de ouvir a própria voz interior e sentir a sua direção, *então* você poderá se expandir, com curiosidade, em direção à outra pessoa. Você poderá ficar muito curioso a respeito da sua intenção. Como é o modelo de mundo dessa outra pessoa? Como ela o percebe? Como seria ser essa outra pessoa, ver o mundo por meio dos seus olhos? Como ela compreenderia o momento atual?

Isso pode parecer mais complexo do que é. Pense em dois músicos de jazz ou dois atores improvisando, duas pessoas jogando basquete, um casal dançando samba ou adivinhando charadas numa festa. Para serem eficazes, elas precisam entrar no modelo de mundo do outro e manter o próprio centro. Você se torna um escultor trabalhando um pedaço de mogno. Como acompanhar o veio e mesmo assim esculpir o desenho que tem em mente? Como você poderá dar apoio ao outro e receber o seu? Como vocês poderão unir-se um ao outro?

Os relacionamentos sempre parecem envolver esse equilíbrio e essa união, essa aprendizagem daquilo que é preciso fazer ou dizer para ser fiel ao seu coração *e* a disposição para entrar no modelo de mundo de outra pessoa, descobrindo como as coisas são para ela. Isso pode ser simples, mas não é fácil. Como exemplo, gostaria de contar a história de um casal com o qual trabalhei. Vou chamá-los de Marie e Rick. Eles estavam juntos havia quinze anos, quatorze dos quais foram infelizes. Durante uma década, começaram e pararam a psicoterapia. A mente de Rick usava o padrão ACV, e a de Marie o VCA. Na terapia, eles aprenderam que ela precisava ser escutada e isso não acontecia. Ela reclamava que, durante quatorze anos, sempre que dizia alguma coisa, ele revirava os olhos e dizia que era tolice. Ele continuava reclamando que ela não conversava ou que falava em círculos sobre coisas que não significavam nada.

> O teste de uma excelente inteligência é a capacidade de ter duas idéias opostas na mente, ao mesmo tempo, mantendo a habilidade para funcionar.
>
> — F. Scott Fitzgerald

Compreender as diferenças no modo como as suas mentes processavam a experiência deveria tê-los ajudado. Não ajudou. Eles eram interessados, mas cada um usava a informação para comprovar aquilo que construíra tão meticulosamente durante todos aqueles anos. "Lá vai você de novo não escutando o que eu digo, exatamente como o típico ACV insensível!", lamentava-se Marie. "Do que você está falando? Eu estou escutando, mas você nunca ouve o que eu digo, você só diz que eu estou estimulando a sua mente teta e 'sai do ar' como uma idiota."

Para mim, é muito importante que esse sistema seja usado como uma ferramenta, não como uma arma mas, para dizer a verdade, eu não tinha idéia de como torná-lo eficaz com Marie e Rick. Eu estava quase desistindo, quando eles vieram ao meu consultório para aquela que deveria ser a última sessão. Ao entrarem, eu estava ouvindo uma música clássica que eles não conheciam. Era uma das minhas favoritas — um quarteto de cordas de Haydn — modelo de uma excelente conversa entre diferentes instrumentos. Era tão adorável, que eu não consegui desligar e convidei-os a sentar e ouvi-la comigo durante os cinco primeiros minutos da nossa sessão.

Quando acabou, Marie comentou: "Todas aquelas adoráveis cachoeiras e pássaros! A grama verde, as campinas!" Rick imediatamente respondeu: "Do que você está falando? Você não ouviu como o violino e o violoncelo entraram juntos naquele intervalo e... (ele continuou por cinco minutos fazendo uma análise detalhada da peça). Comentei como era espantoso o fato de cada um deles ter escutado a mesma música e ouvido de maneiras tão diferentes. Fiquei imaginando o que aconteceria se cada um deles escutasse com o ouvido do outro. O comentário foi suficientemente bizarro para deixá-los confusos e permitir que eu fizesse uma sugestão.

> Precisamos ficar constantemente atentos às maneiras que nos permitem ampliar a nossa consciência.
> — Aldous Huxley

"Por que vocês não sentam de costas um para o outro? Vou colocar novamente a mesma música. Vocês sabem como ela foi ouvida e o efeito que teve. Desta vez, ouçam como se um fosse o outro. Ouçam como o outro ouviu. Ouçam pelo seu modelo do mundo, com curiosidade a respeito de como seria ouvir daquela maneira. Esqueçam de tentar provar qualquer coisa. Apenas sintam curiosidade sobre como é ser o outro."

Com o meu ouvido direito, ouvi como Rick, e com o esquerdo, como Marie. No final dos cinco minutos, o rosto de Rick estava suave e o peito solto; o rosto de Marie estava alerta, a postura ereta, enérgica. Ele falou primeiro: "É assim que você ouve o mundo? Você me ouve assim quando eu falo? Eu nunca soube. Eu ouvi coisas que jamais ouvi — as conexões, a interação! Foi realmente mágico. É assim que você me ouve?"

Marie concordou, acariciando o rosto e dizendo: "Eu sempre quis ser capaz de entender o que estava acontecendo para criar esse som incrível que me faz sentir como agora, ao ouvir música. Nunca consegui. Mas, dessa vez, não me perdi na música. Pude ouvi-la e, simultaneamente, compreendê-la. Foi uma experiência surpreendente!".

Haydn e a experiência de entrar no modelo do mundo de outra pessoa construíram uma ponte de compaixão entre eles que nenhum terapeuta jamais conseguira criar.

Encontro das mentes

Muitas das diferenças entre nós e que consideramos choques de personalidades são, na verdade, o resultado de diferentes características operacionais dos nossos padrões particulares de pensamento. As ferramentas para trabalhar essas diferenças exigem a substituição da tentativa de manipular o outro pela aprendizagem da flexibilidade para encontrar a sua mente, onde ela estiver.

"Por que eu tenho de ceder? Perguntei ao *sensei* em meu primeiro ano de aikido. Ele pressionou gentilmente o meu ombro. Resisti. Ele respondeu: "Porque você tem o dom de conhecer muitas opções de resposta". Ele fez uma pausa, tempo suficiente para eu ficar imaginando que dons seriam esse e, então, pressionou novamente. Dessa vez, eu me virei como se fosse uma porta giratória. Ele sorriu. "É isso aí", ele disse, "Agora a escolha é sua, certo?"

Isso não significa desistir de si mesmo ou do seu ponto de vista. Por exemplo, quando quero fazer contato com o meu sogro (CVA), não preciso sentir o que ele sente, nem mesmo concordar com suas crenças, na tentativa de fazê-lo gostar de mim. Ao contrário, posso sentir o meu desejo de juntar-me a ele em meu centro, respeitar as suas experiências e unir-me a elas, como uma maneira de criar compreensão entre nós. Ele adora navegar e foi instrutor naval de vôo durante a Segunda Guerra. Como é aí que se encontram a sua paixão e os seus recursos, são essas as metáforas e imagens que uso quando quero lhe comunicar alguma coisa. Por exemplo, se eu estiver tentando explicar como pode ser difícil escrever, falo da sensação experimentada quando o motor do avião falha ou de quando estamos num barco a vela e não há vento.

> Você deve compreender a totalidade da vida, não apenas uma pequena parte. É por isso que você precisa ler, é por isso que precisa olhar para o céu, é por isso que precisa cantar e dançar, e escrever poemas, sofrer e compreender, porque tudo isso é vida.
> — J. Krishnamurti —
> *Think on these things*

Essa compreensão **não** é usada como um truque de comunicação. Ela é atenciosa e natural e exige simplesmente a curiosidade a respeito daquilo que a outra pessoa já sabe, de como ela percebe o mundo e de como conectar o seu padrão perceptivo.

Prática: construindo uma ponte de compaixão

Você pode usar a compreensão dos padrões de pensamento para construir essa ponte, tornando sua a experiência do outro. Por exemplo, digamos que sua mente use o padrão AVC e a da outra pessoa o CVA. E digamos que os silêncios dela o deixam maluco. Como ela pode ser tão calada?

Você pode construir a ponte de compaixão explorando a própria experiência de como é ficar calado, de como é levar o toque para dentro, tão profundamente. Se você não entende por que é tão difícil para aquela pessoa ficar calada de vez em quando, imagine como seria ter de funcionar com os olhos fechados. Ou, se o seu colega de trabalho CAV entregar um relatório escrito com um dia de atraso e você estiver pronto para atirá-lo do outro lado da sala, talvez você pudesse cruzar a ponte imaginando ter feito um modelo com as próprias mãos, entregando-o a alguém que está a ponto de jogá-lo num canto porque ele está muito atrasado.

> Você só pode esperar encontrar uma solução duradoura para um conflito se tiver aprendido a ver o outro objetivamente e, ao mesmo tempo, experimentando as suas dificuldades subjetivamente.
> — Dag Hammarskjold, *Markings*

Essa transferência para lá e para cá é o que significa entrar no modelo do mundo de outra pessoa. A seguir, você conhecerá as formas mais básicas e importantes para construir essa ponte para a mente das outras pessoas.

A linguagem do poder, o poder da linguagem

Qual foi a última vez em que você tentou se comunicar com alguém e tudo não passou disso — de uma *tentativa*? Você sabia que não estava conseguindo dizer o que queria ou a outra pessoa não estava entendendo o que você queria. Talvez isso tenha acontecido devido a uma terrível dor de cabeça ou porque você estava indo ao dentista fazer um tratamento de canal. Talvez Mercúrio estivesse retrógrado no seu mapa astrológico. Também é possível que a falha na comunicação tenha sido provocada porque vocês estavam falando duas linguagens perceptivas diferentes. É por isso que as palavras que usamos estimulam diferentes respostas de diferentes modos na mente de outra pessoa.

Entrar no modelo de mundo de outra pessoa é como entrar na casa de alguém. Pense na mente consciente dela como a sala de estar, a mente subconsciente como a cozinha e a inconsciente como o quarto. Quase todos sabem que a maneira mais educada é entrar pela porta da frente, passar para a sala, ir até a cozinha e, finalmente, se você a conhece bem, chegar ao quarto. Com freqüência, as falhas na comunicação ocorrem porque vocês podem estar se comunicando por meio de duas linguagens perceptivas totalmente diferentes. As palavras que usamos podem proporcionar clareza, confusão ou surpresa.

Por exemplo, para qualquer pessoa cujo pensamento beta é despertado pela informação auditiva, as palavras são a batida na porta da frente para entrar na sua mente. "Ir direto ao assunto" significa falar. Palavras claras, precisas, diretas. Você usaria uma linguagem como: "Deixe-me falar sobre..." ou "Falo com você em breve". Você poderia escolher um vocabulário que enfatizasse a qualidade auditiva da experiência, como "orquestrar", "amplificar", "discutir". Você poderia dizer que isso faz soar uma campainha. E entenderia que a ausência de contato seria descrita como o "tratamento do silêncio" e, conseqüentemente, como era importante para aquela pessoa discutir as coisas e que para ela o caos seria a cacofonia.

> A mágica das crianças é a sua habilidade de anuviar as nossas lembranças, para que, ao olharmos para trás, só nos lembremos dos bons momentos, do riso suave, das lágrimas sentimentais e de nenhuma das terríveis verdades.
> — Russel Baker

Assim, se você estivesse tentando esclarecer alguma coisa com alguém cujo pensamento beta é despertado visualmente, "examinaria" o assunto com ela, apresentando a sua perspectiva. Você usaria uma linguagem como: "Vejo você em breve" ou "Nitidamente, nós enxergamos esse assunto de ângulos diferentes". Você poderia escolher um vocabulário que enfatizasse a qualidade visual de uma experiência, como: "brilhante", "vago", "colorido". Você poderia dizer que ela ilumina a sua vida. E compreenderia que a ausência de contato seria descrita como "ser deixado no escuro" e, conseqüentemente, como é importante para ela não ser deixada fora da cena. Para ela, o caos seria como um *show* de luzes numa discoteca.

Se você batesse na porta da frente da casa de alguém cujo pensamento beta é despertado cinestesicamente, talvez você dissesse: "Eu apenas sinto que..." e gostaria de entrar em contato com ela, perceber o que realmente está acontecendo. Você poderia escolher um vocabulário que enfatizasse a qualidade cinestésica de uma experiência, como "esforço", "suave", "conforto", "fora de alcance". Você poderia dizer que ela o deixa arrepiado. Seria bom compreender que ela descreveria a sua necessidade de contato como uma aversão à rejeição e, conseqüentemente, precisaria esclarecer as coisas para que ela pudesse manter o contato. O caos seria um desfile de carnaval ou uma montanha-russa.

Quer você esteja apresentando informações durante uma reunião de negócios ou fazendo amor, deve se possível, primeiramente se comunicar no estado mental consciente da outra pessoa, porque esse é o lugar que lhe parecerá mais natural e confortável. Essa é a maneira mais eficaz de criar empatia com alguém que você acaba de conhecer ou que conhece há muitos anos.

Sobreposição: desenvolvendo a fluência perceptiva

A capacidade de mudar de posição e entrar no modelo do mundo de outra pessoa — o que chamo de "sobreposição" — pode parecer desconfortável a princípio, mas, depois, também pode expandir os seus horizontes.

Aprendi o silêncio com os tagarelas, a tolerância com os intolerantes e a bondade com os cruéis e, embora pareça estranho, não sou grato a esses professores.
— Kahlil Gibran

Prática: desconfortável e vivo

Faça essa experiência: Durante alguns minutos, fique sentado com as mãos entrelaçadas da maneira habitual, como você fazia na escola, quando era criança. Agora, observe como seus dedos estão entrelaçados. O dedo indicador direito está em cima do esquerdo ou o contrário? Afaste os dedos e entrelace-os novamente ao contrário, da maneira não-habitual.

Repita algumas vezes e verifique de que maneira você fica mais confortável. Qual delas é mais desconfortável? De que maneira você fica mais consciente dos espaços entre os dedos? De que maneira suas mãos ficam mais sensíveis?

Quase todas as pessoas concordam que a maneira não-habitual, desconfortável, também é aquela de maior percepção e sensibilidade.

As suas mãos estão dizendo que, embora a princípio seja desconfortável mudar a maneira habitual de se comunicar, usando a linguagem de outra pessoa, isso também pode aumentar a percepção e a sensibilidade no relacionamento. Com a prática, isso ficará automático, como quando você muda de posição para falar com seu filho de cinco anos e, então, muda novamente, para falar com sua mãe. Você nem precisa pensar nisso. Você faz a mudança como uma forma de respeitar cada modelo do mundo diferente, transpondo a lacuna.

Prática: Sobreposição

Você pode aprender a fazer essa travessia comunicando-se consigo mesmo por escrito, falando em voz alta ou num gravador.

- *Descreva resumidamente o seu problema atual mais perturbador, do seu jeito habitual. Observe o efeito.*
- *Sobreponha outra linguagem perceptiva e inclua imagens. Se você começou a descrever como se sente em relação ao problema e o que tem tentado fazer a respeito (cinestésico), apenas passe a discutir como você o enxerga a partir da sua perspectiva (visual), ou mencione os motivos que o impedem de falar nele (auditivo).*

  Faça uma pausa e observe o efeito.

- *Sobreponha o terceiro canal e descreva o problema com essa linguagem simbólica. Faça uma pausa e observe o efeito.*

  Obviamente, ao mudar de linguagem, você também está mudando de consciência. Essa prática dá mais flexibilidade ao cérebro. Você pode praticar a sobreposição da mesma maneira que alonga um músculo ou desenha uma paisagem.

> A mente do homem é um espelho de um universo que reflete a mente do homem.
> — Joseph Chilton Pearce

- *Agora, brinque comigo. Estou ouvindo o vento nas árvores. Como isso se traduziria numa experiência cinestésica? Como poderia ser descrito visualmente e, ainda assim, estarmos falando da mesma coisa?*
- *Ao perceber que você está descrevendo alguma coisa, qualquer coisa, um livro que leu ou um dia no escritório, comece do*

seu jeito habitual: "Hoje encontrei Benjamin Rimplehouse, querida, e ele estava horrível. Eu lhe disse que veríamos o que fazer quando pudermos..."

- *Então, sobreponha outro canal: "Entretanto, suas palavras soavam bem e ele perguntou se gostaríamos de ir a um concerto à noite, mas eu disse que teríamos de..."*
- *Então, sobreponha novamente: "Mas, o jeito como ele fica coçando a cabeça me deixa nervoso, portanto, vamos fazer uma coisa de cada vez..."*

Imagino que você esteja começando a perceber. Você consegue enxergar o que eu quero dizer? Será que estou dizendo aquilo que você precisa saber?

Por favor, preste atenção: Quanto mais você se "afastar" de *sua* mente consciente, indo para a parte mais larga da espiral, mais poderá sentir-se desconfortável. Mas, assim como entrelaçar e desentrelaçar os dedos pode ter se transformado num jogo, aprender a sobrepor também pode ser bastante agradável e ter um efeito significativo em sua maneira de escutar as pessoas que percebem e descrevem o mundo por meio de uma inteligência natural diferente.

Essa facilidade na fluência perceptiva pode ser aumentada com pesquisas casuais: procurando pessoas cujo cérebro usa um canal de linguagem consciente diferente do seu. Seja curioso. Compartilhe uma experiência com elas e, então, escute-as enquanto elas descrevem como a mesma experiência é para elas — torne-se elas, veja as coisas pelos seus olhos.

Ou dê-lhes um objeto: uma caixinha de música, uma pedra, um saquinho de chá usado e peça que o descrevam. Então, dê o mesmo objeto para alguém cujo estilo consciente é diferente e peça uma descrição.

> Toda vez que vemos o rosto... são as nossas próprias idéias a seu respeito que reconhecemos.
> — Marcel Proust

A minha resposta predileta veio quando eu estava aprendendo a usar a linguagem com alguém cujo pensamento beta era despertado pelas palavras. Pedi a todas as pessoas desse grupo para descreverem um orgasmo. (Naturalmente, só perguntei às pessoas que eu conhecia bem!) A vencedora foi Anita: "Um crescendo pulsante, culminando numa libertação simbólica de êxtase e inibição."

Sugestões para outras pesquisas: vá a um café ou shopping e fique bisbilhotando, observando, zanzando. Assista a uma novela, ouça uma entrevista, jogue bola e observe as linguagens simbólicas predominantes. Você pode ser muito sutil ou bastante espalhafatoso. Por exemplo, você pode dizer à pessoa observada que você está aprendendo a se comunicar com pessoas cuja mente funciona como a dela e precisa da sua ajuda.

O importante é ser curioso. Você pode notar coisas muito interessantes por trás da linguagem das pessoas. Por exemplo, aquelas que são visualmente alertas tendem a sentar-se ou ficar em pé na frente de alguém para poderem vê-la. Aquelas que são alertas com o corpo cheiram os dedos ou balançam, passam a mão nos cabelos ou colocam a mão no seu ombro.

Arrisque-se. Deixe que elas *lhe* ensinem alguma coisa e descreva a experiência na sua linguagem beta. "Puxa George, isso é excitante. Sei que continuo deixando a bola cair, mas acho que estou pegando o jeito, você não acha?"

Se não conseguir, apenas lhes pergunte como elas diriam isso.

Arrisque-se mais ainda. Ensine alguma coisa a *elas*, algo que elas gostariam de aprender e que você sabe fazer. Ensine aos poucos, passo a passo. Ao começar, você nem mesmo precisa saber como a mente delas funciona. Ao terminar, você saberá.

Comece de qualquer lugar. Mostre a alguém, diga, ou faça alguém fazer. Pergunte àquela pessoa como ela foi afetada aprendendo aquele passo, daquela maneira. Sobreponha outro canal. Observe o efeito. Sobreponha mais uma vez. Observe o efeito. Pergunte novamente.

Seja como um bebê aprendendo a segurar um copo pela primeira vez. Ignore o que não dá certo, faça mais aquilo que funciona, até a mão alcançar o copo — BINGO! Seu amigo terá aprendido aquilo que você está ensinando e ambos terão aprendido muito sobre o funcionamento da mente de cada um.

Abrace o seu amigo. Diga palavras agradáveis. Ou dê uma piscadela!

O desenvolvimento da fluência perceptiva aumentará a sua habilidade para acessar a sua mente total. Você também descobrirá que, aos poucos, a habitual defesa e manipulação dos outros será substituída por uma habilidade flexível para criar empatia com uma ampla variedade de pessoas. O importante é atingir aquele ponto de grande curiosidade e disposição para sentir-se um pouco desconfortável e constrangido — qualidades que indicam que, afinal de contas, somos simplesmente humanos.

Exemplos de linguagem perceptiva — analogias

Cinestésica	Visual	Auditiva
Eu apenas sinto que...	A minha maneira de ver...	Eu digo a mim mesmo...
Vamos manter contato.	Vejo você em breve.	Falo com você mais tarde.
Não consigo lidar com isso.	Nitidamente, temos perspectivas diferentes	Você está falando demais.
esforço, suave, conforto, perceber, apertado, fora de alcance	brilhante, claro, vago, foco, *flash*, colorido, escuro	harmonioso, explicar orquestrar, tom, amplificar, discutir
"Você me arrepia"	"Você ilumina a minha vida".	"Isso faz soar uma campainha".
quieto	escuro	silencioso
montanha-russa	*show* de luzes numa discoteca	cacofonia
migalhas na cama	quarto bagunçado	arranhar a lousa
organizar as coisas	esclarecer as coisas	discutir as coisas
rejeitado	deixado fora da cena	tratamento do silêncio

Respeitando a sensibilidade perceptiva

Ao abrirmos a mente a partir do estado consciente — a porta da frente —, indo para o inconsciente — o quarto —, avançamos do estado mental mais assertivo para o mais sensível, do mais detalhado para o mais sistêmico e produtivo. Talvez você se lembre de que quanto mais amplo e expansivo o estado mental, mais o pensamento se torna simbólico — as palavras tornam-se canções, sons e murmúrios, as cartas tornam-se visões, as ações tornam-se sentimentos ou idéias sobre novas maneiras de fazer alguma coisa. E, mais importante para a comunicação, a pessoa passa a filtrar ou peneirar cada vez menos os estímulos e, portanto, o pensamento torna-se cada vez mais receptivo, intuitivo, sagrado.

A maioria das pessoas cai num abismo da comunicação porque tem pouca consciência dessa sensibilidade aumentada. Vivemos numa cultura invasiva, na qual dar um tapa nas costas de alguém, colocar palavras em sua boca ou mostrar que ela está fazendo papel de boba é considerado apenas um bom divertimento, e quem não gosta disso é considerado excessivamente sensível. Como a mente inconsciente é a geradora da inovação, a criadora de novas idéias e o local de onde podemos perceber a totalidade das coisas, podemos muito bem estar poluindo a verdadeira fonte de sabedoria que a maioria de nós precisa para sobreviver como espécie.

> Usar outra pessoa como um meio de obter satisfação e segurança não é amor. O amor nunca é segurança; o amor é um estado no qual não há desejo de segurança; é um estado de vulnerabilidade.
> — J. Krishnamurti

Como esse é um aspecto muito importante da comunicação com os outros, gostaria de compartilhar a maneira de cada um dos seis padrões descrever, do seu jeito, como podemos tratá-lo bem, percebendo a sua sensibilidade única. Essas descrições foram resumidas a partir das palavras de milhares de pessoas em diferentes seminários e *workshops*, onde elas se reuniram para criar a sua "Lista de Direitos".

Para se comunicar bem com pessoas que têm "ouvidos de quarto" — CVA, VCA

1. Dê-nos bastante silêncio e não nos pressione, se quiser uma resposta.
2. Faça perguntas que nos levem de volta para nós mesmos, não para você: "O que você precisa?" é melhor do que "Como posso ajudá-lo?".
3. Faça perguntas que nos ajudem a ver e a encontrar as nossas opções. Não diga quais são as nossas escolhas nem pergunte por que estamos fazendo aquilo que estamos fazendo. Pergunte para onde queremos ir.

4. Não faça perguntas do tipo sim/não, ou/ou. Podemos descobrir muitas variáveis entre o sim e o não. Nós não somos computadores binários.

Algo que estávamos escondendo nos tornou fracos, até descobrirmos que éramos nós mesmos.
— Robert Frost

5. As perguntas que funcionam bem são aquelas feitas num tom de voz gentil, curioso: suaves, não exigentes.
6. Conte-nos histórias em vez de nos dizer o que fazer. Ensine-nos indiretamente, como: "Conheço um homem que estava com dificuldade para consertar um pneu furado..."
7. NÃO responda nossas perguntas, por mais que tentemos, sedutoramente, fazê-lo responder. E também não preencha os nossos espaços com as suas palavras.
8. Faça sugestões em vez de nos dar respostas/ordens.

Para se comunicar bem com pessoas que têm "olhos de quarto" (CAV, ACV)

1. Não fique nos dizendo para olhar as coisas. Pergunte se pode nos mostrar uma coisa.
2. Deixe-nos olhar para onde quisermos enquanto conversamos. O contato visual é profundamente íntimo.
3. Nossos sentimentos são revelados pelo nosso corpo, não pelo nosso rosto. Pergunte o que estamos sentindo.
4. Saiba que raramente escrevemos e só se realmente nos preocupamos com aquilo que estamos escrevendo.
5. Não nos olhe com expectativas ou olhos analíticos. Olhe para nós como se estivesse olhando para um animal na floresta.
6. Só porque parecemos inexpressivos, não nos coloque nos filmes da sua tela interior. Verifique se aquilo que você imagina a nosso respeito é verdade.

Para se comunicar bem com pessoas que têm "corpos de quarto" (VAC, AVC)

1. Faça conosco coisas não estruturadas, para podermos estabelecer e seguir o nosso próprio ritmo.

172

2. Primeiramente, toque-nos em locais "públicos", como a mão ou o pé. Lembre-se, para nós, o toque não é casual.
3. Não nos toque se estiver tentando conseguir alguma coisa ou se não estiver apreciando. Nós saberemos.
4. Demoramos muito para saber o que sentimos, mas sentimos muito profundamente.
5. Lembre-se de que não somos realmente descoordenados, apenas precisamos aprender lentamente, aos poucos, com muitas metáforas e descrições.

> Confrontar uma pessoa com a própria sombra é mostrar-lhe a própria luz.
> — Carl Jung

6. Compreenda que, para nós, as ligações físicas são extremamente profundas e lembramos delas por muito tempo — as boas e as ruins.
7. Entenda que raramente gostamos de fazer duas vezes a mesma coisa, do mesmo jeito.
8. Compreenda que "consertar" coisas com as mãos é um processo criativo que pode causar grande frustração.

Permutas e combinações de padrões de pensamento nos relacionamentos

As pessoas estão sempre perguntando quais os padrões mais compatíveis entre si. Sinto muito. Qualquer instrumento pode criar uma linda música com qualquer outro, se soubermos afiná-los e tocá-los adequadamente. Nesse espírito, parece útil ressaltar um pouco da sabedoria sobre as diferentes permutas e combinações de padrões de pensamento.

Quando nos comunicamos, os padrões usados pelo cérebro podem:

- ser iguais: *"Um par"*, por exemplo, AVC/AVC;
- ter um canal em comum: *"O ponto único"*, por exemplo, VCA/CVA;
- não ter nenhum canal em comum: *"A mistura"*, por exemplo, AVC/VCA;
- ser opostos: *"O parênteses"*, por exemplo, VAC/CAV.

> Nenhum pássaro voa
> alto demais se voar
> com as próprias asas.
> — Ralph Waldo
> Emerson

Cada combinação tem a própria riqueza, o próprio dilema, como demonstram as quatro histórias seguintes. Essas pessoas estão aprendendo a entrar no modelo do mundo de outra e, ao mesmo tempo, mantendo o próprio centro de equilíbrio.

O Par: "Estamos fazendo amor ou brigando?"

É muito fácil ser o melhor amigo de alguém cuja mente usa o mesmo padrão. É quase como se eles compreendessem as coisas sem precisar falar. O desafio, contudo, é que também é muito fácil o relacionamento ficar monótono, complacente e atolado na mesma poça de lama.

Justine participou de um *workshop* denominado "Estabelecendo a intimidade", que Andy e eu fizemos na Costa Leste. A maioria dos participantes estava com um parceiro, mas ela sentou-se bem na minha frente, tendo por companhia apenas um caderno de anotações. Ela rabiscava furiosamente enquanto eu falava. Eu nunca soube se ela estava anotando as coisas inteligentes que eu dizia ou as que lhe provocavam raiva, mas ela preencheu a maior parte de um caderno em duas sessões.

No final do primeiro dia, ela começou a fazer perguntas que começavam com um "mas". "Mas, e se alguém detesta ser tocado?" "Mas, e se alguém adora a palavra escrita?" "Mas, e se alguém sempre fala consigo mesmo?"

Sabendo que as pessoas que usam o padrão VAC tendem a fazer perguntas que, na verdade, são afirmações disfarçadas, fiz o que pude para responder e esperei até que ela se sentisse segura para mencionar a verdadeira questão.

Não precisei esperar muito. Na manhã seguinte, a primeira coisa que ela fez foi perguntar: "Como isso se aplica ao ato de fazer amor? Meu marido Fred e eu estamos casados há 15 anos e nos damos muito bem. Nós nunca brigamos. Descobri que a mente dele usa o mesmo padrão que eu, VAC. Nós nunca brigamos. Eu já disse isso? O problema é que também nunca fazemos amor. Somos bons amigos e gostamos um do outro. Somos quase como irmãos."

Ela fez uma pausa, respirando e olhando ao redor. Diversos casais estavam assentindo e mexendo-se desconfortavelmente nas cadeiras.

"Não é que eu não sinta atração pelo Fred ou qualquer coisa assim. Só que eu não fico excitada. Somos ambos tão passivos, deitados lá, pensando: 'Gostaria que ela tomasse a iniciativa', 'Gostaria que ele tomasse a iniciativa' e ficamos lá, os dois apenas deitados. Li todos os manuais de sexo. Temos três filhos, portanto, sabemos como fazer, só não sabemos como *gostar* de fazer."

> Você precisa cheirar a alegria. Mantenha o nariz na trilha da alegria.
> — Buffy Sainte-Marie (CAV)

Ouvi diversas risadinhas na sala, mas eu não estava rindo. Eu sabia, por experiência própria, como deve ter sido difícil para Justine mencionar esse assunto. Por um momento, minha mente voltou no tempo, para uma época em minha vida quando eu teria adorado fazer essa pergunta. Depois de contar um pouco da minha história, disse que gostaria de respeitar o seu pedido mas, como a nossa mente inconsciente era despertada pela informação cinestésica, seria importante que ela explorasse a sua pergunta de forma experimental, divertida e segura. Ela concordou veementemente e, assim, continuei.

"Quando duas pessoas têm padrões iguais, torna-se fácil para ambas considerar o outro uma conquista garantida, bem como ambos ficarem sem ação.

Dizer como você e Fred deveriam fazer amor não parece, não soa e nem é uma coisa divertida para mim. Fred não está aqui, assim, ele não vai aprender isso — comigo. Como a mente dele funciona como a sua e já que **você** é uma boa professora..."

Quando peguei a sua mão, conduzindo-a até o centro do círculo, Justine estava dando risadinhas como os outros. Até eu falar: "Bem, vou ensinar a todo o grupo como fazer amor com você!"

Ela deu um gritinho, assustada.

"Naturalmente, apenas com o propósito de demonstração. Você não precisa tirar as roupas e ninguém irá tocá-la, prometo."

A cor voltou à sua face e ela começou a respirar outra vez.

"Agora, grupo, ao abordar alguém cuja mente usa esse padrão, qual o primeiro modo de contato?" Usei a minha melhor voz de professora. Todos responderam em uníssono: "O consciente".

"Muito bem. Como para Justine esse é o modo visual, vamos lhe dizer como a recebemos com os nossos olhos."

Eu estava começando a me sentir como uma versão radiografada de Mr. Rogers, mas o grupo estava gostando e as pessoas começaram

Sou um sobrevivente depois de ter aprendido a amar por meio de técnicas. Agora, estou aprendendo técnicas por meio do amor.
— Jerry Cimmet, Philadelphia, Pa.

a falar das coisas que viam, como: "Estou vendo como a luz do sol brilha nos seus cabelos", "Estou vendo como os seus olhos parecem pedacinhos do céu". Juntei-me a eles: "Estou percebendo a penugem dourada em seu rosto".

Continuamos assim por alguns minutos, até que a sua tensão começou a desaparecer e a respiração a se normalizar. "Estou gostando disso. É um pouco constrangedor, mas agradavelmente constrangedor. Continue, por favor, Dawna."

"Nós nos relacionamos com a sua mente consciente e, aparentemente, ela está nos recebendo. Agora iremos para o seu canal subconsciente, colocando uma música suave. Que tipo de música você chamaria de 'música para fazer amor', Justine?"

Ela deu de ombros. "Para dizer a verdade, nunca pensei muito nisso. Nosso aparelho de som está na sala. Na maioria das vezes, a televisão é o nosso som de fundo. Mas isso não ajuda muito porque a minha mente subconsciente fica me dizendo o que preciso comprar no supermercado no dia seguinte."

"A televisão deve ir para a sala e o aparelho de som deve vir para o quarto. Vamos lá, grupo, vamos cantar para Justine."

Começamos a cantarolar: "You are so beautiful, you are so beautiful to me, can't you see..."(Você é tão linda, tão linda para mim, você não vê...) Enquanto eles cantarolavam, recitei uma poesia, suavemente. Ela suspirou. E suspirou outra vez.

"Como essa é apenas uma demonstração, vamos parar por aqui." Houve um coro de reclamações e Justine começou a fazer beicinho.

"Mas, se *fôssemos* continuar, começaríamos tocando a sua mão ou o seu rosto, descrevendo a sensação que isso nos provoca, leríamos para você ou murmuraríamos palavras em seu ouvido, para que a sua mente auditiva continuasse envolvida no momento, fora do supermercado."

"Fred e eu fizemos terapia sexual durante um ano e nunca aprendemos nada disso. Eu sempre tomava a iniciativa e massageava as costas dele, e ele roncava e eu desistia. Eu me sentia como alguém tentando dançar debaixo d'água!"

"Você *pode* tomar a iniciativa, mas ainda precisa respeitar a maneira como as suas mentes funcionam. Escreva bilhetes para o

Fred, pregue mensagens de amor no espelho, desfile com roupas íntimas de seda, leve-o a um restaurante para um jantar à luz de velas, com violinos tocando. Fale sobre os seus sentimentos, seus sonhos, suas doces lembranças. Dance com ele, lenta e sensualmente. Você consegue se ver fazendo isso, Justine?"

Ela colocou as mãos nos quadris. Seus olhos brilhavam, lembrando um ponto de exclamação procurando um lugar para ser colocado. "Pode apostar! *Isso* é que é lição de casa! Acho que ter o mesmo padrão pode ficar monótono de vez em quando, mas espere até eu contar a Fred que o grupo todo fez amor comigo nesse fim de semana!"

"Minha reputação profissional nunca mais será a mesma. Vocês todos devem jurar segredo."

> ...nós cantamos tanto sobre o amor; é a nossa maior indústria, nosso produto mais vendável e, mesmo assim, não aprendemos as canções ternas que poderiam remendar os nossos corações partidos...
> — Ntozake Shange, "Conversations with the ancestors," *Riding the moon in Texas*

A mistura: presos no meio (CVA e VAC)

Quando a mente das pessoas não tem uma linguagem simbólica comum, elas podem levar uma surpreendente riqueza para a sua vida, provocando crescimento em todos os níveis. O desafio dessa combinação particular é que, algumas vezes, é como estar com alguém de outro planeta. É particularmente importante que as pessoas saibam como estão se afetando, como demonstra a história a seguir.

"Desde que o bebê começou a engatinhar, discutimos muito. Ele diz que eu não cuido bem dele. Eu digo que ele não lhe dá espaço", disse Margô, com o queixo tremendo. Precisei me sacudir para prestar atenção em suas palavras. Ela era muito bonita, meticulosamente maquiada, bem-vestida, e falava com um pouco de sotaque.

"Não consigo evitar. Vejo um hematoma na bochecha de Louise e, na minha mente, vejo aqueles programas de televisão que mostram aquelas pobres crianças espancadas. Se Margô tivesse cuidado bem dela, ela nunca teria caído e se machucado." George cruzou os braços sobre o peito, com os maxilares contraídos. Ele era um homem grande, com um grande coração. Nos poucos meses em que trabalhei com esse jovem casal, percebi como eles queriam, desesperadamente, fazer tudo direito. Ele ficara surpreso quando Margô disse que estava grávida. Ele achava que iriam esperar alguns anos até terem mais dinheiro, mais tempo para fortalecer a relação. Mas, depois que Louise nasceu, tornou-se a sua obsessão.

Algumas vezes, uma criança pode ser o local de encontro da mente de um casal, a cola que os mantém unidos. Isso pode ser particularmente verdadeiro, uma vez que a mente de Margô segue o padrão VAC e a de George, o CVA, sem nenhuma linguagem perceptiva específica em comum. Margô, compartilhe comigo a sua pior fantasia a respeito do que acontecerá a Louise se as coisas continuarem como estão.

> Explique as suas limitações e, pode ter certeza, elas são suas.
> — Richard Bach

"Ela terá 42 anos e ainda estará sentando no colo do pai. Ela nunca aprenderá a caminhar com os próprios pés."

Fiz a mesma pergunta a George. "Ela será totalmente vulnerável, machucada, espancada, negligenciada."

"Como Louise é muito jovem para falar, gostaria de fingir que posso falar por ela. Tenho três mentes dentro de mim: a da minha mãe, a do meu pai e a minha. Eles estão tão ocupados com os seus filmes, que nem mesmo tentam me ver como sou. Mamãe precisava ter espaço para poder caminhar com os próprios pés. Papai precisava do tipo de cuidado que o protegeria de qualquer perigo. Eles continuam me dando aquilo que *eles* nunca conseguiram."

Depois dessas palavras, abri os olhos e percebi que Margô estava chorando baixinho. George estava fingindo não perceber, tamborilando com os dedos no bíceps.

"Isso é verdade", exclamou Margô. "Eu era a única menina, a mais nova de oito crianças. Todos estavam sempre me carregando, tratando-me como se eu fosse um bebê, mesmo aos 11 anos. Eles me chamavam de bonequinha. Eu nunca podia me sujar, subir numa árvore ou ser normal."

"Dentro de você, Margô, aquele *self* jovem, cuja necessidade de explorar e ser livre não foram satisfeitas, ainda espera. Se você der a Louise aquilo que não deu a si mesma, o bebê dentro de você ficará magoado com ela. Algumas vezes, é esse *self* infantil que tem acessos de raiva e bate nas pessoas, sem nem mesmo ver em quem está realmente batendo.

Dentro de você, George, também há um bebê que deseja ser cuidado, protegido, embalado. Ele exige que você lhe dê aquilo que dá a Louise. Ele diz: *sinta* a minha dor, segure-me quando eu estiver assustado, apóie-me quando eu quiser andar com os próprios pés, seja tão íntimo de mim quanto é dela. Do contrário, você estará dando a outra pessoa aquilo de que precisa, mesmo que seja para alguém que você ama. Não vou deixar que você a ame e me deixe de lado. Proteja também o *meu* doce coração. Estimule-*me* a buscar o que eu desejo, mesmo que tropece e caia."

Os olhos de George estavam fechados enquanto eu falava. Ele estava balançando para trás e para a frente, abraçando a si mesmo.

"A maioria das pessoas não conhece nenhuma outra maneira de se relacionar, a não ser colocar o seu centro, os seus sonhos, as suas esperanças e necessidades em outra pessoa. Quando ela não está lá, elas sentem um vazio. Não estou dizendo que a melhor maneira de cuidar de Louise é negligenciando-a. *Estou* sugerindo que a pior maneira é negligenciando a si mesmos."

> E, ao desistir da vida,
> de repente, o capitão
> começou a viver.
> — Carson McCullers,
> *Reflections in a*
> *golden eye*

George virou-se para mim e falou: "Sinto a verdade naquilo que você está dizendo. Posso entender cada sim e cada não de Louise. Posso entender todas as suas necessidades. Contudo, não entendo a mim mesmo." Ele olhou para Margô. "É isso o que realmente está acontecendo quando fico tão bravo."

"Admiro a sua disposição de admitir isso, George. Essa consciência pode incluir a sua raiva, para você poder reagir a ela, em vez de reagir com ela."

"Dawna, pode parecer idiota, mas como podemos mostrar a Louise que nós a amamos se não enxergarmos o mundo através dos seus olhos? Quer dizer, essa é a única maneira que conheço para cuidar dela, vivendo por intermédio dela, que a minha mãe fez comigo, a sua bonequinha."

Segurei a mão de ambos e caminhei para o canto da sala, onde Louise brincava com um dragão verde de pelúcia. "Vocês poderiam responder a essa pergunta? Digam a Louise como vocês podem amá-la *como* amam a si mesmos."

Margô ajoelhou-se no chão e olhou diretamente para a filha, murmurando: "Vou me permitir ver você, falar com você, com os meus olhos e os meus ouvidos. Isso me ajudará a ficar mais atenta. Ficarei curiosa sobre as minhas próprias necessidades, enquanto fico mais curiosa a respeito das suas. Poderemos ser companheiras, explorando maneiras de ser livres e nos sentir seguras ao mesmo tempo."

George colocou suavemente uma das mãos nas costas da esposa e a outra nos cabelos louros da filha. "Deixarei você ser um espírito novo em folha, único em si mesmo, e não outra coisa que preciso fazer com perfeição. Vou observar de que maneira eu a compreendo e aprender a compreender as minhas próprias necessidades, com a mesma dedicação. Você veio da minha carne, mas não me pertence."

"O que me dá coragem ao ouvir cada um de vocês é a sua disposição para observar que aquilo que vocês estão dando a Louise também é o que mais precisam dar a si mesmos. Em vez de tentarem controlar um ao outro, e Louise, vocês estão assumindo a responsabilidade de se expandir para perceber o que é necessário no momento presente."

George pegou o bebê e depois abraçou Margô. Ele começou a cantarolar em seu ouvido e os três começaram a dançar uma valsa suave. "Nós costumávamos comemorar dançando. Minha esposa transformava-se em creme de *chantilly* nos meus braços. Essa é a melhor maneira de o bebê nos manter unidos." Louise concordou, balbuciando.

> Sabiamente, a nossa linguagem percebeu os dois lados de estar só. Ela criou a palavra "solidão" para expressar o sofrimento de estar sozinho. E criou a palavra "isolamento" para expressar a glória de estar sozinho.
> — Paul Tillich, *The eternal now*

O ponto único: saindo do armário (CAV e ACV)

Quando duas pessoas têm padrões que se encontram apenas no modo consciente, podem se encontrar facilmente em atividades, organização, crenças, encontrando significado em sua maneira de se relacionar com o mundo. Contudo, podem ter dificuldade para encontrar ressonância num nível muito profundo. Quando o único ponto de ligação é a mente inconsciente, a comunicação pode ser profunda, quase sagrada. Isso também pode deixar cada uma delas presa em seu mundo particular, como ilustra o caso a seguir. É um resumo de uma sessão facilitada por Peggy Tileston que, posteriormente, ela compartilhou comigo.

A primeira coisa que Brady (CAV) fez ao completar 18 anos foi abandonar a escola. Até aquele momento, ele fora o melhor aluno em todos os cursos de carpintaria do Programa de Treinamento Vocacional. Construir coisas era tudo para ele. Dê-lhe uma pilha suficientemente grande de tábuas de madeira e ele criará um novo mundo. Ele colocava as mãos na madeira, inclinava a cabeça para um lado, como se estivesse escutando algum profundo segredo nos veios, fechava os olhos para ver o que a madeira desejava ser, começava a cantarolar e deixava as mãos fazerem o resto.

Fred, seu pai (ACV), morava com a terceira esposa. Ele era advogado, vindo de família rica. A coisa mais notável em Fred era a sua voz — alta, grossa e áspera; ele adorava falar. Quando ficava zangado, como costumava estar a maior parte do tempo com Brady, ele realmente gritava. Brady referia-se a ele como o Promotor.

Durante uma sessão conjunta, Fred começou o seu habitual discurso, enquanto Brady, nervoso, se mexia na cadeira. Era virtualmente impossível para qualquer um de nós dizer uma palavra. Por fim, Brady saltou da cadeira gritando: "Dane-se, papai! Você nunca *me* dá uma chance de falar!"

Fred virou-se para mim e disse: "Você ouviu isso? É assim que o meu filho fala comigo! Ele se recusa a sentar-se e escutar. Tudo o que estou tentando fazer é ajudá-lo, pelo amor de Deus!"

Brady estava quase saindo da sala quando eu lhe perguntei se ele estaria disposto a fazer uma experiência. A curiosidade natural superou a raiva. Pedi que caminhasse pela sala enquanto continuávamos. (Todas as nossas sessões anteriores, bem-sucedidas, haviam acontecido dentro de um carro ou caminhando.)

> É o sexo dos anos oitenta. Numa época em que você mal pode dar um aperto de mãos sem um atestado do seu médico, a conversa não é apenas uma dança formal de acasalamento; é a mais íntima para o sexo seguro...e, nas bocas certas, também é a última forma de arte popular civilizada.
> — *Time* magazine, 31/7/89

Cumprimentei Fred pela sua facilidade com as palavras, observando que ele obviamente gostava de discussões e devia ficar frustrado quando Brady se recusava a falar e o xingava. Depois da sua longa resposta afirmativa, perguntei se ele estaria disposto a escutar enquanto Brady descrevia como se sentia conversando com o pai. Também lhe pedi que prometesse não interromper.

"Depois de algumas frases, eu simplesmente deixo de ouvir", disse Brady. "Não sei por quê. É como se eu estivesse me afogando ou me sufocando nas palavras. Eu só quero que ele cale a boca para eu poder respirar e pensar. Ele não *me* dá chance de dizer nada. Ele apenas grita. Eu sinto cada palavra. Algumas vezes, começo a gritar

181

com ele dentro da minha cabeça e, então, as palavras jorram para fora. Ele diz que eu não o escuto, mas ele nunca *me* escuta!"

Em vez de dar a Fred uma chance de responder, pedi que me dissesse o que ele respeitava no filho. Depois de algumas respostas sarcásticas, ele respondeu: "Brady é realmente bom para fazer coisas, qualquer coisa. Ele é bom cozinheiro, bom com os animais e com as crianças também. Ele tem mãos muito competentes. Na verdade, ele foi uma grande ajuda quando morávamos na fazenda."

Perguntei a mesma coisa a Brady. Ele respondeu lentamente: "A especialidade do meu pai é explicar as coisas para mim, quando eu escuto. Ele também é bom com as mãos. Sei construir melhor do que ele, mas ele pode consertar qualquer coisa. E pode imitar todos os diferentes sotaques e contar piadas; ele costumava me fazer rir muito."

Nesse ponto, começamos uma exploração mútua de como a mente deles funcionava. Logo, cada um deles descobriu o próprio padrão, bem como o do outro. Eu podia ver a compreensão começando a brilhar em seus olhos, enquanto explicava por que era tão importante para Fred falar as coisas e, para Brady, fazer coisas juntos.

Perguntei a Fred se ele achava que poderia escutar Brady por cinco minutos, sem interrompê-lo. Ele resmungou e então começou a andar pela sala, mexendo nas moedas dentro dos bolsos.

> Minha religião é muito simples. Minha religião é a bondade.
> — Dalai Lama

Brady olhou para os pés, as palavras hesitantes e difíceis a princípio. Contudo, após alguns minutos, estava derramando o coração para o pai, com apenas algumas sugestões ocasionais da minha parte. Em determinado momento, começou a chorar. "Eu só quero sentir que você me ama, que você está tentando me entender. Quero fazer coisas com você. Você nunca mais andou comigo no meu carro. Isso é muito importante para mim. Quando tento abraçá-lo, você se afasta. Quero que você me abrace de também."

Sabendo que as mentes do pai e do filho encontravam-se com a informação visual, pedi a Brady que descrevesse uma imagem que o pai pudesse ver, de como ele se sentia. "É como aquele sujeito subindo um morro e carregando uma pedra. Eu estou parado, carregando a pedra nas costas e não sei se vou conseguir."

Fred estava obviamente comovido com a visão. Falou sobre momentos em sua vida quando se sentiu assim. Também disse como ficava

182

constrangido e vulnerável quando Brady o abraçava. "Eu não sei o que fazer. O meu pai só tocava em mim quando me batia. Não sei como ficar à vontade abraçando alguém. Não leve isso para o lado pessoal, filho. Acho que **realmente** falo demais, mas não quero dizer aquilo que digo. Há anos não o ouço falar tanto. Acho que, para mim, a conversa tem o significado que um abraço tem para você."

Fred, Brady e eu elaboramos o seguinte plano para melhorar a sua comunicação:

1. Quando Brady ficar oprimido pelas palavras de Fred, ele levantará a mão, pedindo alguns minutos de silêncio e espaço.
2. Brady poderá ocupar as mãos com alguma coisa ou caminhará enquanto conversam.
3. Brady fará um esforço extra para encontrar palavras para dizer ao pai. Fred fará o mesmo para encontrar e receber o toque.
4. Se eles descobrirem que estão voltando às antigas brigas, poderão parar e criar uma imagem visual para descrever o que está acontecendo naquele momento.

> A compaixão é uma percepção alternativa.
> — M.C. Richards, *Centering*

Os parênteses perceptivos: Encontrando-se num armário (VAC e CAV)

Quando o único ponto de encontro de duas mentes está no meio, as dádivas são notáveis e os desafios espetaculares, porque a mente dessas pessoas trabalha de maneira totalmente oposta. Elas estão continuamente se encantando, porque o aspecto mais receptivo de uma está se comunicando e despertando o aspecto mais ativo da outra. É essencial que elas entendam isso e se encontrem no meio, como ilustra a história seguinte.

Quando Andy e eu estávamos construindo a nossa casa, cada vez que eu ia ao supermercado, comprava uma revista de decoração. Havia pilhas de *Home, House Beautiful, Kitchens and Bathroom Design, Architect's Digest* e *Women's Day Decorating* em cada canto da nossa casa.

Fiel ao padrão VAC da minha inteligência natural, todas as manhãs eu folheava casualmente cada uma delas, recortando fotografias de quartos que eu adorara, cores que gostaria de pintar, tapetes, cadeiras de balanço, luminárias, eletrodomésticos e janelas em arco. Então, cuidadosamente, guardava tudo numa pasta sanfonada. Isso tornava a casa mais real para mim e eu me sentia como se estivesse contribuindo com alguma coisa importante.

Toda noite, quando Andy voltava para casa, depois de cavar as fundações, eu me aconchegava a ele, pegava as minhas amostras da pasta e ficava tagarelando sobre as possibilidades que eu enxergava. Ele colocava o braço nos meus ombros, concordava com tudo e, enquanto eu continuava discutindo os planos mais recentes, fechava os olhos e começava a ressonar — não exatamente as indicações de interesse que eu estava esperando. Não somente ele estava cansado de um dia de trabalho pesado, como a minha maneira natural de "mostrar e explicar" despertava a sua mente CAV mais rápido do que um comprimido para dormir.

Assim, havia muitas desavenças. Deixe-me explicar melhor: brigávamos muito a respeito da construção da nova casa. Sempre que eu queria planejar o que iria para onde, sempre que eu sacudia uma planta baixa ou um papel de parede amarelo à sua frente, Andy ficava pálido e começava a andar. Eu o seguia pela sala, perguntando como ele poderia construir uma casa sem ter planos.

> Melnick diz que a alma é imortal e continua vivendo depois que o corpo desaparece, mas se a minha alma existe sem o meu corpo, tenho certeza de que todas as minhas roupas ficarão folgadas.
> — Woody Allen, *Without feathers*

Ele respondia: "Simples, eu apenas *faço* e, então, paramos, vemos o que conseguimos e para onde iremos a partir daí."

Eu não entendia. Eu não conseguia convencê-lo de que ninguém poderia construir uma casa sem um único plano. Contudo, *ele realmente* anotava as coisas. À medida que as paredes subiam, encontrei pequenos pedaços de madeira com números anotados ou desenhos de uma viga aqui, um arco acolá.

Um dia, vários meses depois, decidi fazer uma visita de surpresa a Andy e à nossa turma de três, que carinhosamente chamávamos de "Os garanhões". Jeff e Brady eram os amigos de 19 anos de David, meu filho. (Secretamente, eu os chamava de o Trio Testosterona. Deus sabe como eles me chamavam!)

Entrei pela nova porta da frente, virei à direita e sorri ao ver a cozinha recém-acabada. Virando à direita, vi... um armário... bloqueando a passagem. Como aquele armário fora parar lá? Supostamente, ali seria uma continuação do piso, em direção à grande janela da sala de estar, para que quando eu estivesse lavando os pratos pudesse olhar e ver o pôr-do-sol. Nós não havíamos planejado nenhum armário para bloquear a minha visão ou dividir no meio aquilo que a *Womens'Day* chamava de "A Grande Sala".

Gritei. Andy estava instalando uns fios na parede do armário e deixou cair a furadeira elétrica. Calmamente, ele explicou que precisávamos de algum lugar para colocar nossas botas e casacos molhados quando entrássemos em casa no inverno e parecia natural colocar o armário bem ao lado da porta.

"Mas nós não *planejamos* isso!", reclamei. "A minha visão da pia está arruinada. Não era para *ficar* desse jeito."

"Olhe, essa é a única maneira que *funciona*, Dawna. E eu passei o dia todo fazendo isso e instalando a fiação e ele não vai sair daí."

"Mas, se tivéssemos *primeiramente* feito um desenho no papel, poderíamos apenas apagá-lo. Você não pode apagar madeira."

Os Garanhões desceram silenciosamente da escada e saíram pela porta da frente enquanto nossas vozes aumentavam. Todas as habilidades para resolução de conflitos que ambos conhecíamos e ensinávamos foram embora com eles. Eu me esqueci completamente de que a mente de Andy funcionava de maneira oposta à minha. Nem mesmo pensei que um cérebro como o dele não planejasse como o meu. Eu não queria discutir nada a não ser o meu ponto de vista. Gritamos, berramos, rosnamos, bajulamos, convencemos, reclamamos, choramos e finalmente chegamos a um acordo.

Andy eliminou a metade de cima do armário, pois não havia fiação nela. Eu podia ter a minha vista e ele tinha a metade de um armário para guardar as suas botas enlameadas. Quando alguém perguntava o que era aquilo, e diversas pessoas perguntaram, David declarava: "Oh, é aí que as mentes deles se encontram."

> A consciência alerta, desperta, o seu estado habitual, o seu êxtase cultural, surge quando todos temos o mesmo sonho, mais ou menos, e é chamado de Realidade.
>
> — Robert Masters e Jean Houston, *Mind games*

Compreender como a sua mente e a dos outros processa a informação não garantirá que vocês viverão felizes para sempre. Mas, felizmente, lhe dará apenas a informação suficiente para você parar nos "pontos de atrito" e examiná-los, em vez de se confrontar. Felizmente, isso trará um novo respeito por si mesmo e pelo outro e poderá ajudá-lo a lembrar-se de perguntar: "Como posso ter acesso a mim mesmo e às minhas necessidades e, simultaneamente, ir ao encontro dos outros com curiosidade?".

13

Vivendo as perguntas

Quanto maior a sua compreensão da natureza humana,
dos processos biológicos, da história de vida individual,
quanto maior o seu conhecimento das próprias reações,
dos próprios potenciais, melhor será a sua prática e a sua vida.

Milton Erickson

A seguir, algumas das perguntas feitas com maior freqüência pelas pessoas que estão aprendendo a compreender e a se integrar neste material. Talvez você possa reconhecer aqui suas próprias dúvidas. As minhas respostas não são definitivas ou finais a essas perguntas. Elas são o melhor que posso fazer para honrar essa exploração, com a minha experiência e curiosidade.

Diálogo com perguntas freqüentes

P: O padrão muda durante a vida? Nós nascemos assim?

R: Realmente não tenho certeza se nascemos com preferências perceptivas. Algumas crianças parecem ter uma inclinação extremamente forte por um ou outro padrão. Outras não. Em geral, acredito que a maioria das pessoas é moldada dentro desses padrões pelo ambiente social. Se a mente de uma mãe usa o canal auditivo para conscientemente organizar a sua experiência e o pai usa o cinestésico, e se o filho quer ser como o pai, seria lógico que o seu cérebro aprendesse a usar aquela mesma linguagem perceptiva. Uma criança de uma família de alcoolistas, na qual todos estão negando ou entorpecendo as emoções, pode tornar-se cinestesicamente alerta para poder sentir e fazer as coisas por toda a família.

> A religião não é um preceito particular. A religião está em toda parte.
> —Suzuki Roshi

Esses padrões são caminhos do pensamento. Eles podem mudar, particularmente os dois primeiros canais, mas, em geral, são moldados na adolescência.

O modo consciente da mente do meu filho mudou a linguagem quando ele entrou na puberdade. Conheci pessoas que reorganizaram padrões, como conseqüência de uma série de situações que afetaram profundamente suas vidas. Se uma criança é vítima de abusos num canal, por exemplo, ela pode afastá-lo o máximo possível da consciência para não ter que "pensar" no abuso.

P: E se você é cego ou surdo, ou tem algum problema físico? Como isso afeta o padrão perceptivo?

R: Não há uma resposta. Em minha experiência, algumas pessoas cegas ainda formam imagens visuais bastante claras. Outras não. É importante compreender que quando falamos de visual, auditivo ou cinestésico não estamos falando de acuidade, mas de pensamento e imagens mentais — visão interior, vozes e sentimentos.

P: Por que alguém não pode ser ACA? Por que não é possível estar nos modos beta e teta da mente ao mesmo tempo?

visual beta

visual alfa

visual teta

visual beta

visual alfa

visual teta

R: Os modos são despertados um a um, semelhantes ao efeito dominó. Não parece possível estar consciente e inconsciente ao mesmo tempo. O que é uma boa maneira de verificar o seu padrão, porque é muito difícil uma pessoa funcionar no modo beta e teta simultaneamente. As pessoas cuja mente usa o padrão VAC, por exemplo, precisam fechar os olhos para saber o que estão sentindo no corpo. Inversamente, se estiverem sendo tocadas, escrever torna-se muito mais difícil. Para alguém cuja mente usa o padrão AVC, o ato de falar bloqueia os sentimentos e é difícil enquanto estão caminhando. Quando alguém que é alerta com as palavras e visualmente sensível começa a ler, pára de falar. Uma pessoa com um padrão alerta com o corpo e sensível com as palavras pára de se movimentar para escutar profundamente. A mente do meio bloqueia ou intensifica essa conexão, assim, os movimentos com as mãos ajudam os VCAs a encontrar palavras, escrever ajuda os CVAs ou AVCs a descrever o que estão sentindo e falar sobre o que estão sentindo ajuda os CAVs a encontrar os seus sonhos e visões interiores.

> Desenvolva a sua própria técnica. Não tente usar a técnica de outra pessoa... Não tente imitar a minha voz ou a minha cadência. Apenas descubra a sua. Seja o seu próprio *self* natural. É o indivíduo respondendo ao indivíduo.
> — Milton Erickson

P: Parece que sou visualmente alerta. Como posso ter certeza?
R: Olhe para mim enquanto for confortável para você.

P: Posso fazer isso para sempre. Por quê?
R: Se você organizasse as coisas visualmente, seria capaz de manter contato visual de modo confortável durante algum tempo, mas, logo, especialmente se quisesse falar ou se movimentar, teria de desviar o olhar. Se a sua mente inconsciente fosse despertada visualmente, seria muito difícil manter o contato visual até por um ou dois minutos.

P: Então, por que sempre estou pedindo às pessoas para procurar as coisas que perdi?
R: É o seu canal mais estimulado; por isso, talvez você não tenha uma discriminação visual tão grande. Como você usa muito os olhos, é como se eles ficassem calejados e parassem de observar as coisas com grande receptividade.

P: Eu entendo como as diferentes mentes usam as palavras de maneiras diferentes, mas é difícil compreender realmente como vemos as coisas de maneira diferente. E como o cinestésico é diferente para uma mente diferente?

R: Uma das coisas mais difíceis é compreender que as outras pessoas talvez não percebam o mundo como nós. Num nível, isso é óbvio, mas num nível mais profundo, essa percepção fragmenta algumas das nossas pressuposições mais básicas. Um amigo, cuja mente teta é despertada visualmente, disse que tinha um colega que não conseguia ver como o seu comportamento afetava todas as pessoas no trabalho. "Por que ele não consegue parar e enxergar o quadro inteiro e então mudar?", ele insistia.

> No momento em que deixarmos de nos apoiar, no momento em que faltarmos com a nossa palavra, o mar nos engolirá e a luz se apagará.
> — James Baldwin

Conseqüentemente, pedi a dois excelentes fotógrafos, Larry Rippel e Rachel Edwards, que exploravam essa abordagem há algum tempo, para imaginar que eram uma câmera nas mãos de três pessoas de diferentes grupos perceptivos — uma cuja mente beta é estimulada a se concentrar pela informação visual, uma cuja mente alfa é estimulada a se organizar pela informação visual e outra cuja mente teta é estimulada a criar pela informação visual — fotografando a mesma cena a partir de cada uma dessas perspectivas. As duas séries de fotografias resultantes dessa experiência estão nas páginas seguintes.

É importante observar que nenhum de nós tem um funcionamento fraco ou não existente, em qualquer um dos diferentes modos. Cada instrumento mental reage à informação de maneiras muito diferentes. Mary Pat Mengato, uma bailarina e terapeuta do movimento, descreve as diferenças cinestésicas nos diferentes padrões:

CVA e CAV: O movimento tende a ser amplo, solto, fácil, natural. É como se as roupas existissem apenas para deixá-los confortáveis. Comparados a outros padrões, eles podem se movimentar e permanecer ativos durante muito tempo, sem se cansar. Eles não pensam antes de se movimentar, apenas deixam o corpo guiá-los. Quanto mais rápido se movimentam, mais rápido pensam. A sua percepção do espaço e do ambiente físico é imediata e muito importante para o seu funcionamento.

VCA e ACV: Eles podem ficar parados, mas as mãos estão sempre em movimento. Se estiverem prestando atenção no mundo externo, ficam fisicamente muito ativos, mas ao perceberem as próprias sensações e sentimentos, os movimentos tornam-se mais lentos. Algumas vezes, quando tocam os outros, eles têm dificuldade para saber o que estão sentindo no próprio corpo.

VAC e AVC: Qualquer coisa que esteja acontecendo em sua mente consciente (mostrando, lendo ou falando) pode bloquear totalmente o movimento ou os sentimentos. O que estiver acontecendo no meio (escutando ou observando) pode intensificá-los. Eles se movimentam quase como se o fizessem pela primeira vez. De algum modo, parecem não "caber" dentro do próprio corpo. Quando fecham a mente consciente e se permitem ir mais para o fundo, os movimentos parecem espirituais, sagrados, frágeis e muito pessoais. Algumas vezes, o toque é experimentado como algo que "interfere na concentração."

> Cada pessoa é um indivíduo. Portanto, a psicoterapia deveria ser formulada de forma a atender a singularidade das necessidades individuais, em vez de ajustar a pessoa para caber no leito de Procusto de uma teoria hipotética do comportamento humano.
> — Milton Erickson

P: Qual o efeito de diversas drogas em tudo isso?

R: Só posso falar com alguma certeza sobre a minha própria experiência com três drogas comuns — álcool, maconha e cocaína. O álcool afeta primeiramente a capacidade cinestésica das pessoas, a habilidade para sentir, para se movimentar e se coordenar; então, num efeito dominó, incapacita a mente do modo consciente para o inconsciente.

Fui viciada em maconha durante vinte anos e trabalhei com centenas de pessoas que usaram e abusaram dela. Até onde posso dizer, a maconha faz a mente consciente funcionar, mas não registrar. É como um gravador ou uma câmera de vídeo, que opera, mas sem nenhuma fita dentro. Você vive uma experiência, ela passa direto pelo modo beta, sem deixar nenhuma impressão, e é processada nos modos alfa e teta.

Assim, não é possível separar ou diferenciar o que é bom ou ruim — uma função da mente consciente. É por isso que as idéias concebidas nesse estado parecem geniais para quem as concebeu.

Sob a influência da maconha, eu ficava extraordinariamente preguiçosa, embora naquela época afirmasse estar apenas seguindo a correnteza. É muito difícil ter acesso às experiências que tive sob essa influência. Tenho uma memória visual muito forte, mas quando tento lembrar-me de qualquer livro que tenha lido durante esses vinte anos, não consigo ver o título ou as páginas, como faço com livros que li antes ou depois desse período. Lembro-me dos sentimentos e da maior parte do conteúdo verbal, mas preciso de muito tempo para chegar lá. É como colocar a mão dentro d'água para procurar uma moeda.

O que a maconha fez foi permitir que eu ignorasse as críticas e os julgamentos da minha mente consciente, o suficiente para eu poder vivenciar plenamente alguns dos meus momentos e criar a partir deles. Eu adorava ficar sozinha quando fumava maconha. Eu podia me deitar de costas e me tornar os rostos que via nos nós das tábuas de pinho do teto da nossa casa, sem a minha mente consciente ficar me lembrando de todas as coisas que eu precisava fazer.

Acredito que a maconha permitiu que toda uma geração experimentasse a sua consciência alfa e teta, sem censura. Infelizmente, nunca pudemos usar essas experiências para efetuar qualquer mudança duradoura. Isso pode explicar o atual balanço do pêndulo em outra direção, para aprendermos as habilidades ausentes, necessárias para realizarmos os nossos sonhos.

> Não adianta caminhar para algum lugar para pregar, a não ser que a nossa caminhada seja a nossa pregação.
> — São Francisco de Assis

O que nos leva à cocaína, o parêntese farmacológico da maconha, uma vez que ela força a pessoa a funcionar principalmente no modo beta. Como conseqüência, ao usar a cocaína, a pessoa fica bastante linear, ativa e voltada para si mesma. É virtualmente impossível essas pessoas se relacionarem com alguém ou com alguma coisa num nível profundo. Elas tornam-se cérebros esquerdos ambulantes. Temporariamente, a cocaína as ajuda a "ir para a frente", a "ficar na pista da esquerda", tornando possível também matar ou abusar dos outros, transformando-os em meros objetos.

P: Na sua opinião, como podemos obter intimidade?

R: O processo, na perspectiva dessa abordagem, consiste em receber a si mesmo e/ou ao outro por meio dos canais perceptivos das mentes consciente, subconsciente e inconsciente.

P (AVC): Tudo o que sei sobre a maneira como minha mente funciona é que sou alerta com as palavras, como você diria. Mas percebo que todas as pessoas com mentes cinestésicas podem sentar-se e se aconchegar tão casualmente. Eu sou o oposto. Não me sinto à vontade fazendo isso. Há alguma coisa errada comigo? R: Não. O seu cérebro é um tipo diferente de instrumento, só isso. Para as pessoas cuja mente consciente é despertada cinestesicamente, aconchegar-se é como bater papo para você. Quando *você* se aconchega, leva alguma coisa direto para a mente inconsciente. Portanto, precisa conhecer muito bem aquela pessoa, ter boas conversas, silêncio, uma imagem visual compartilhada ou contato visual num ritmo lento e, finalmente, o Aconchego.

P (AVC): Preciso saber como me comunicar com pessoas cuja mente sensorial é despertada pelas palavras. Por que não devo responder às suas perguntas? Você não hesita em responder às perguntas de quem é alerta com as palavras.

R: Boa pergunta. Provavelmente, é melhor esperar para respondê-las também, porque os AVCs e os ACVs, em geral, respondem às próprias perguntas logo depois de terem formulado. Vocês têm uma maravilhosa habilidade para definir as coisas de forma linear. Para você, uma boa discussão filosófica é como um exercício de alongamento para um CVA ou CAV.

Para as pessoas cuja mente inconsciente é despertada pelas palavras, as perguntas são um desvio da bússola, como se elas estivessem perguntando: "Que caminho eu devo seguir para encontrar a minha casa?" Se você responder por elas, seria como tirar a bússola das suas mãos e apontar na direção da **sua** casa.

> Guardamos a nossa dor dentro de nós. Ao fazermos isso, não sentimos a dor da outra pessoa. A única maneira de aprender a compaixão é por intermédio do nosso coração; precisamos recuar e atravessar a nossa própria dor.
> — Matthew Fox, conforme citado em *Common boundary.* Julho/Agosto de 1980

P (AVC): Como descobrir qual o padrão perceptivo de alguém durante uma conversa normal?
R: Comece ouvindo receptivamente, olhando com suavidade, como se estivesse inspirando pelas pupilas. Ao falar, inclua imagens de um dos canais, por exemplo "É como uma mão agarrando tofu." Se a resposta for lenta, se a pessoa parecer ausente, é possível que a sua mente inconsciente processe a informação cinestesicamente.

(Também é possível que ela não saiba o que é tofu ou só fale inglês). Tente outro tipo de imagem. "Bem, você vê, é como tentar descobrir o que escrever nos espaços em branco do formulário de Imposto de Renda." Continue trocando os modos até saber qual a resposta mais alerta, mais ressoante, quando ela disser "Sim! Sim!", e a mais monótona, "duh".

P (AVC): Quero uma maneira simples para lembrar aquilo que li. Algumas vezes, me dá um branco.

R: Use a mão dominante para escrever a pergunta que você quer responder e deixe a mão não-dominante escrever a resposta. Ela acessará a sua mente de maneira mais profunda do que a mão dominante. A letra pode não ser bonita, mas o que uma mão esquece, a outra pode lembrar. Tenho certeza de que você já se ouviu dizendo: "Por um lado..., mas por outro..."

> Deixe a beleza que amamos ser aquilo que fazemos.
> — Rumi

Tudo o que você aprendeu ou viveu está armazenado na mente inconsciente, mesmo que você não tenha consciência disso. Tudo o que foi jogado no mar, acaba descansando no fundo, mesmo que, da superfície, não possamos dizer que está lá. Se você disser a si mesmo:"Nunca me lembrarei disso", o cérebro aceitará isso, assim como um computador aceita um comando para apagar informações.

Para aquelas pessoas cuja mente consciente ou subconsciente é visualmente desperta, escrever com a mão não-dominante pode trazer as coisas para a superfície. Naturalmente, você pode usar o mesmo processo para responder outras perguntas sobre decisões que está tentando tomar, histórias pessoais esquecidas, conselhos sobre o seu processo criativo. Mas não espere que ela lhe dê respostas lineares, nem mais do que esperaria de um mapa, pois ele não diz por que Toledo está onde está.

Muitas pessoas estão dispostas a gastar muito tempo e energia procurando gurus e professores fora de si mesmas, mas elas ignoram completamente a própria sabedoria interior. Por favor, tratem tudo o que for revelado pela outra mão com o mesmo respeito que dariam a um venerado professor externo.

P (ACV): Estou realmente interessado em usar afirmações. Elas são muito satisfatórias, porém, infelizmente, não acho que tenham algum efeito profundo em mim. Você poderia comentar sobre diferentes formas de autocura?

R: Houve uma época, na minha vida, em que estive muito doente e a visualização era a nova panacéia. Todas as manhãs e todas as noites eu visualizava as células ruins sendo devoradas pelas células boas. Isso afetou apenas o meu canal visual consciente. Mas foi o meu canal cinestésico *inconsciente* que influenciou o meu sistema imunológico. O filme sozinho não conseguia chegar lá. Quando acrescentei uma história e a representei com as mãos, movimentei-a ou a esculpi, os três canais foram envolvidos e, finalmente, senti os efeitos da história em meu corpo.

P: Minha mente usa o padrão ACV. Por que nunca fico à vontade com outros ACVs?

R: A maioria dos ACVs adora inspirar os outros e, portanto, precisa ser recebido e ouvido, estimular os outros, ser visto. Em outras palavras, precisam ser aceitos. Portanto, um ACV tentando inspirar outro ACV, que o está tentando inspirar...

P (VAC): Como a minha mente consciente é visualmente despertada, isso significa que preciso escrever para me comunicar de maneira linear?

R: Na verdade, a sua comunicação escrita pode ser mais lógica. Para se comunicar "com o coração", tente sentir o que precisa ser expressado e traduza-o em palavras faladas que pintem imagens.

P (VAC): Gostaria de me comunicar com os sinais que o meu corpo envia. Nesse exato momento, por exemplo, estou com dor de cabeça. O que ele está tentando me dizer? Devo tomar uma aspirina ou o quê?

R: É possível "ler" as mensagens do corpo usando-as como uma espécie de mecanismo de *feedback*. Você pode começar criando um sinal para "sim". Apenas pergunte ao seu inconsciente como ele indicará "sim".

> Estou farto de grandes coisas e grandes planos, grandes instituições e grandes sucessos. Quero aquelas forças humanas minúsculas, invisíveis, adoráveis, que trabalham de indivíduo para indivíduo, insinuando-se pelas frestas do mundo como muitas pequenas raízes ou como fiozinhos d'água que, no entanto, se tiverem tempo, destruirão os monumentos mais resistentes do orgulho humano.
>
> — William James

P: Minha cabeça está latejando mais forte.

R: Muito bem. Agora pergunte qual será o sinal para "não".

P: É estranho... o latejar diminuiu muito.

R: Bom. Agora pergunte como ele responderá: "nenhum dos dois".

P: Toda a sensação desapareceu, como se eu tivesse tomado Novocaína.

R: Certo. Agora faça qualquer pergunta sobre a qual esteja realmente curioso e certifique-se de que ela possa ser respondida com um simples sim ou não. Pergunte com curiosidade genuína.

P: Surpreendente! Funcionou. Perguntei se devo tomar aspirina e a sensação diminuiu: isso quer dizer não. Mas quando perguntei se ele precisava de alguma outra coisa, ficou mais intensa, significando sim. Quando perguntei se eu estava inventando tudo isso, ele sinalizou não outra vez. Fascinante! Como poderei descobrir o que ele precisa?

R: Apenas continue verificando todas as possibilidades que vierem à sua mente, uma a uma. (Uma importante advertência: esse processo NÃO deve substituir os cuidados ou exames médicos. Mas *pode* ajudá-lo a descobrir o que você pode fazer para maximizar a eficácia do tratamento médico.)

P: Minha mente usa o padrão VCA. Como posso filtrar aquilo que entra?

R: Vivemos numa época muito verbal. Eu a chamo de Idade da Boca. O final dos anos 1960 e início dos anos 1970 foram muito mais cinestésicos, como foi demonstrado por afirmações do tipo "Faça amor, não faça a guerra" e "Siga o fluxo"; pela popularidade dos "Grupos de Sensibilidade" para ajudar a explorar os sentimentos; e pelo interesse na conexão corpo/mente.

> Meu trabalho sou eu.
> Foi para isso que vim.
> — Gerard Manley Hopkins

Atualmente, temos palestras sobre auto-aperfeiçoamento que discutem como progredir, como ganhar mais dinheiro etc. Para as mentes auditivamente sensíveis, isso pode ser muito agressivo, porque o principal modo de comunicação — as palavras — vão sempre para a mente inconsciente. Seria o mesmo que precisarmos ficar nus sempre que tivéssemos contato com alguém.

A mente do meio, no seu caso, o modo cinestesicamente subconsciente, tenta proteger o inconsciente. Muitas vezes, a única maneira que o corpo conhece para fazer isso é protestando. Mas, com o tempo, o mecanismo dessa solução protetora pode tornar-se o mecanismo do problema — uma doença um ou colapso físico que o forçará a evitar o contato. Ele está tentando filtrar, da única maneira que sabe. O que a mente com o padrão VCA realmente mais precisa é de silêncio e recarregar.

Recarregar significa voltar a mente para dentro de si. Embora ler, ouvir rádio, assistir à televisão ou correr sejam atividades que podem relaxar e distrair a mente consciente; mantendo-a ocupada, elas não lhe dão a oportunidade de entrar em contato com o seu estoque de suprimentos. É como você estar dirigindo o carro e, de vez em quando, precisar parar para encher o tanque.

P (VCA): Essa semana senti dores terríveis. Meu marido é AVC e não fala das suas sensações. Percebo que quando ele não está em casa, sinto-me bem, mas, no minuto em que ele entra, sinto dor no corpo. Se estou com dor de cabeça e pergunto o que ele está sentindo em seu corpo, ele diz que está com dor de cabeça. O meu pai era alcoolista e acontecia a mesma coisa com ele. Se o meu marido fala do que está sentindo, eu paro de sentir. A propósito, ele raramente me escuta. Ele apenas fica dizendo: "Vá direto ao assunto!"

R: Enquanto você estava falando, percebi que as suas mãos ficam gesticulando com uma caneta e movimentando-se como se você estivesse escrevendo. Por que você não usa uma caderneta e escreve sobre o que está sentindo no seu corpo, seja lá onde for? Você estará levando as suas sensações para a mente consciente e ficará menos receptiva às do seu marido. Escrever será bom para você, assim como falar é para ele.

> Fique de frente para o sol e as sombras ficarão atrás de você.
> — provérbio Maori

E, como ele está pedindo para você ir direto ao assunto, escrever ajudará sua mente a condensar o pensamento. Escreva para si mesma quando estiver com o seu marido para que, se houver alguma coisa que ele não queira escutar, você possa ter a certeza de a estar recebendo.

P (VCA): Sempre achei que havia alguma coisa errada comigo porque eu sentia a dor de todas as pessoas. Mas, para isso, não preciso tocá-las: apenas olho para a pessoa e, então, algumas vezes sem perceber, pareço sentir o que ela está sentindo — no meu corpo. Estranho, você não acha?

R: Há alguns anos, trabalhei com uma mulher que chamarei de Susie, cuja mente usava o padrão VCA, como a sua. Nós nos sentávamos em almofadas, uma de frente para a outra. Um dia, eu estava usando uma suéter de lã angorá e Susie estava com uma camiseta branca de algodão, com decote em V. Durante a primeira hora da sessão, ela ficou coçando o pescoço sem parar. Finalmente, perguntei se ela era alérgica à lã angorá. Ela respondeu que sim e parecia bastante surpresa por eu saber.

Na verdade, ela estava sentindo aquilo que via, particularmente porque estava parada e olhando. Algumas vezes, as pessoas dizem que são "engolidas" pelos problemas alheios. O que falamos até agora é o mecanismo dessa frase.

P (VCA): Estou confuso. Sou acusado de falar muito, mas minha mente inconsciente usa o canal auditivo. Por que não sou o tipo silencioso?

R: Tagarelar pode ser a única maneira que você aprendeu para proteger os seus ouvidos sagrados de todas as palavras que chegam a eles. Quando você fala sem parar, está dizendo aquilo que lhe disseram, pois a sua mente inconsciente pode ser como um túmulo de palavras. As palavras que saem podem ter um tom de voz linear, mas, geralmente, ficam girando em círculos, em vez de apresentar explicações precisas, claras, lineares. É como o animal que muda de cor para se proteger.

P: É verdade. Quando falo dessa maneira, ninguém realmente parece me entender. Porém, isso não acontece quando faço perguntas. Sou muito bom nisso e posso fazê-las durante horas também — parece que **elas** são minhas.

O conhecimento do caminho não pode ser substituído pelo ato de colocar um pé na frente do outro.
— M.C. Richards,
Centering

R: Essa é uma das suas forças. A mente de excelentes médicos e terapeutas usa o padrão VCA por esse mesmo motivo. Contudo, essa força tem as suas fraquezas, pois você está compartilhando a sua mente mais particular com o mundo externo. Você precisa de alguém para recebê-lo, para responder às suas perguntas, em vez de despejar palavras em você. Quando não consegue isso, pode começar a tagarelar de novo.

Não é surpreendente como o seu cérebro sempre o protege, fazendo o que é necessário para ajudá-lo a satisfazer as suas necessidades?

P (CVA): A mente da minha filha de quatro anos usa o padrão AVC. Ela está sempre gritando e me puxando, chorosa: "Escuta mamãe", até eu ficar brava e lhe dar umas palmadas. Então, sinto-me terrivelmente culpada. Sinto-me como se não tivesse nenhum espaço. O que você sugere?

R: Pratique um novo jogo com ela. Ensine-a a dar diferentes "tamanhos" para a voz: pequena o suficiente para caber numa caixinha de jóias; grande o suficiente para preencher uma caixa de sapatos vazia; grande o suficiente para ocupar o banheiro, mas não transbordar para a sala; grande o suficiente para encher o carro; grande o suficiente para encher todo o espaço do mundo. Para ultrapassá-lo. Então, ensine-a como fazer a sua adorável grande voz caber num ouvido mágico. Peça que ela lhe mostre o tamanho do toque suficientemente grande para o espaço do mundo; para um homem adulto grande; para um bebezinho; e o tamanho de um grande e amoroso toque para a pele mágica de uma criança.

P (CVA): Essa pode parecer uma pergunta estranha, mas é realmente importante para mim. É a respeito da minha treinadora de basquete. Eu não entendo uma palavra do que ela diz. Ela grita instruções e eu "viajo". Isso piora antes de um jogo, quando ela fica recitando instruções e a próxima coisa que sei é que ela está batendo palmas e eu não tenho a menor idéia do que ela disse. Sinto-me uma retardada.

R: A mente da sua treinadora provavelmente usa o padrão ACV. A maneira como ela usa a linguagem estimula a sua mente inconsciente e isso a impede de ficar alerta quando ela fala. Antes do jogo, fique ao seu lado em vez de ficar à sua frente e anote o que ela disser. Se ela falar muito depressa, coloque a mão no seu ombro para ela diminuir o ritmo, o suficiente para que você possa acompanhar as suas palavras.

> Há uma força vital, uma energia, uma vivacidade que se transforma em ação por seu intermédio. Se ela for bloqueada, o mundo não a terá. Você não precisa acreditar em si mesmo ou em seu trabalho. A sua tarefa é manter-se aberto e consciente dos anseios que o motivam, manter o canal aberto.
>
> — Martha Graham

P (CVA): Acho que preciso de um pouco de reafirmação. Isso significa que não posso fazer determinadas coisas, mesmo que eu queira, devido ao meu padrão de aprendizagem?

R: Venha sentar-se ao meu lado. Agora, olhe para a cadeira onde você estava sentado. Imagine que pode se ver lá. Por favor, dê àquele *self* a reafirmação de que ele precisa. Você o conhece muito melhor do que eu, portanto, tenho certeza de que fará um trabalho melhor.

P: Tentarei. "Você... pode... fazer... o que... quiser." É realmente difícil, Dawna.

R: Tudo bem. Vamos para a sua mente subconsciente. Pegue papel e lápis. Escreva para esse *self* uma mensagem de reafirmação.

P (Após escrever furiosamente durante alguns minutos): Isso foi muito mais fácil. As palavras apenas fluíram.

R: "Você *pode* fazer o que quiser." Pense em si mesmo como um bom instrumento. Se Pablo Casals estivesse em pé no meio da Grand Central Station tentando tocar um estudo de Mozart, enquanto centenas de pessoas se empurravam e gritavam à sua volta, ele ficaria numa situação difícil. Isso não significa que há alguma coisa errada com Casals ou com o seu violoncelo. Uma conversa casual, um telefonema, um bar é como a Grand Central Station para a sua mente. Você consegue ver isso?

P: Realmente, consigo. Não admira que eu sempre tenha detestado coquetéis. Eu achava que era porque sou tímido ou introvertido.

P (CVA): Passei anos tentando me encontrar na terapia e aprendi a ficar bastante feliz sozinho — escrevendo, fotografando, caminhando no bosque. Mas agora quero mais. Quero ligação, intimidade com outra pessoa e fico aterrorizado pensando que vou encontrar "o outro", mas me perder. Você tem alguma sugestão?

R: Parece que vivemos numa época binária, de ou/ou. Se a sua mente inconsciente é para você e a consciente para "o outro", então a sua mente subconsciente é para equilibrar as duas. No seu caso, para encontrar intimidade, você precisa processar aquilo que sente pelo outro, desviando o olhar, abaixando ou fechando os olhos. Se fizer um contato visual constante, só encontrará o outro e pensará naquilo que *ele* deseja, no que *ele* pensa, no que *ele* sente. Esse seu modo de classificação visual é como uma porta giratória. Você precisa usá-la para entrar, assim como para sair. Isso pode significar escrever o que está sentindo ou pintar ou tirar fotos ou até mesmo resolver equações matemáticas numa lousa.

> O oposto de falar não é escutar. O oposto de falar é esperar.
> — Fran Lebowitz

P (CVA): Minha mãe fica reclamando de mim. Acabo de comprar um carro. Agora, estou fazendo as contas e tentando imaginar como vou pagá-lo. Ela considera isso irresponsabilidade e acha que eu deveria ter feito as contas primeiro. O que você acha?

R: Ambas estão certas. Para a maneira como o cérebro dela funciona (que, provavelmente, é visualmente alerta), ela precisaria *ver* o preto no branco antes de fazê-lo. Mas, para o seu cérebro...

P: Eu preciso *fazer* e então ver como vou pagá-lo! Que coisa!

P: Minha mente usa o padrão CVA e tenho a tendência de me relacionar apenas com outros CVAs. Por quê?

R: Tenho uma amiga cuja mente usa esse canal e afirma que, nos relacionamentos, os CVAs são "homoceituais". Eles acham mais fácil satisfazer a necessidade de solidão e tranqüilidade, o ritmo calculado e compreender como os outros CVAs fazem as coisas simultaneamente.

P (CVA): Recentemente, eu estava assistindo ao programa da Oprah Winfrey. Sua convidada era uma famosa colunista, que dava conselhos, e o grupo participante era formado por casais com dificuldades no casamento. O conselho dela para todos poderia ser resumido como "Conversem mais um com o outro. Conversem, conversem, conversem. Esqueçam qualquer outra coisa, apenas conversem. Deitados ou em pé, vocês precisam conversar. A comunicação é tudo, e se vocês não conversarem, nunca se darão bem. Vocês ouviram o que eu disse? Se ele não quiser falar do que está sentindo, diga que vocês precisam consultar um terapeuta para aprender a falar sobre os seus sentimentos. Ouço esses problemas o tempo todo e sei do que estou

> Procurar Deus é como procurar um caminho num campo coberto de neve; se não houver caminho e você estiver procurando um, caminhe sobre ele e lá estará o seu caminho.
>
> — Thomas Merton

falando." Fiquei aturdida, pensando que havia realmente alguma coisa errada comigo, Dawna, porque conversar é a coisa mais difícil para mim. Meu namorado e eu quase nunca conversamos. Nosso principal meio de comunicação é o *e-mail*. Eu pensei que estivéssemos indo muito bem, mas agora não tenho tanta certeza. O que você acha?

R: Falar, falar, falar pode ser a solução para alguém cuja mente segue o mesmo padrão da colunista (AVC). Mas, para alguém como você, poderia realmente causar problemas. Talvez você precise mostrar, mostrar, mostrar, ou fazer, fazer, fazer, para se comunicar bem. E, talvez tudo o que você tenha de fazer é estudar o que já está funcionando e encorajar a si mesma a andar com os próprios pés.

P (CAV): Eu costumava ser chamado de "avoado", mas desde que comecei a praticar caratê ficou muito mais fácil me concentrar. Por quê?

R: Quando você era chamado de avoado na escola, você ficava a maior parte do tempo nos modos alfa e teta — escrevendo, lendo, falando, escutando. Como o seu cérebro usa o canal cinestésico para se concentrar...

P: Entendi! Como agora fico no ginásio e não na sala de aula e, como estou trabalhando como carpinteiro, estou fazendo a *minha* mente lógica se exercitar. Talvez eu devesse voltar à escola para relaxar um pouco. Ando parecendo um dínamo!

P (CAV): Notei que quando estou falando com alguém e fecho os olhos ou desvio o olhar minhas palavras parecem ser minhas, mais do que quando estou de olhos abertos. Você sabe o que isso significa? Por que isso acontece?

R: Se os seus olhos estiverem abertos e você estiver olhando para alguém, a sua mente teta estará recebendo informações constantes do mundo externo, você as recebe, liga-se a elas e, finalmente, mergulha nelas. É como se você fosse um tubo de creme dental com um orifício no fundo. Com os olhos fechados ou desviados, a sua mente pode extrair palavras das próprias imagens.

14

Arrisque o seu significado

Eu
não
morrerei
uma vida não vivida
Eu não viverei com medo
de cair ou de me queimar.
Prefiro viver os meus dias,
deixando a minha vida me abrir,
me tornar menos medrosa, mais acessível,
libertando o meu coração até ele se tornar uma asa, uma tocha,
uma promessa.
Prefiro
arriscar o meu significado;
viver de maneira que tudo que vier a mim
como semente, vá para outra pessoa como flor,
e tudo o que vier a mim como flor
vá como fruto.

D.M.

O desafio de arriscar o seu significado

O *sensei* Kuboyama desliza entre cada aluno da aula de Ki-Aikido, suavemente empurrando nosso peito ou nossas costas, puxando nossos braços ou tornozelos para verificar se estamos equilibrados. A princípio, achei que ele estava nos testando, como a maioria dos professores que tive — fazendo a brincadeira do "Hah, hah!, peguei você fora do centro!" Mas esse pensamento se dissolveu assim que percebi como ele permanece presente, apoiando cada um de nós, desafiando persistente e carinhosamente, até encontrarmos o nosso centro de gravidade. Então, inevitavelmente, ele sorri e diz: "Ah! É isso mesmo!", e continua.

> Parece que até mesmo as diferentes partes da mesma pessoa não conversam entre si, não conseguem aprender uma com a outra quais são os seus desejos e intenções.
> — Rebecca West

Precisei de algumas aulas para perceber que eu não tinha a menor idéia se estava ou não centrada, até o *sensei* me desafiar com um suave empurrão. Uma noite, ele afirmou tranqüilamente: "É como a vida, não? Os desafios que ela traz nos ajudam a saber se perdemos o nosso ponto de equilíbrio. Se isso tiver acontecido, só precisamos voltar para o centro".

Este último capítulo é um desafio igual a esse. Não é um teste para ver se você aprendeu qual é o seu padrão perceptivo ou se sabe como se comunicar compassivamente com uma pessoa de outro grupo perceptivo. É um desafio para descobrir se existem lugares em sua vida nos quais você poderia usar o que aprendeu neste livro para ficar equilibrado. É também um desafio para arriscar o seu significado.

Usando esse conhecimento com ética: Em mãos limpas

Todo mundo detesta ser classificado. Todos nós detestamos pensar que alguém sabe mais a nosso respeito do que nós mesmos. Já passamos pela experiência de ouvir alguém *nos* explicando, de forma prejudicial: "Você realmente não é muito criativo, querido, por que não tenta o beisebol?" "Dou aulas há anos e sei que você é desafinado, portanto, aceite esse fato." Essas explicações especializadas sobre as nossas capacidades tornam-se limitações, espartilhos bem apertados em volta da nossa mente, não nos deixando respirar ou nos movimentar livremente. No que se refere ao funcionamento da mente humana, somos todos aprendizes.

Certa vez, passei um dia inteiro fazendo meditação, com um ponto colorido sobre a minha testa. O *roshi* (professor) colocara um ponto diferente na testa de cada pessoa. Não havia espelhos lá. Nós nos sentávamos totalmente calados ou caminhávamos de determinada maneira, com os braços cruzados, concentrando-nos na respiração.

Não precisei de muito tempo para perceber que todos os que estavam na sala sabiam qual era a cor do meu ponto. Todos, menos eu. Eu também sabia alguma coisa sobre eles, que eles não sabiam. O pensamento atravessou a minha mente em meditação, silenciosamente enganando e pronunciando "vermelho" para o homem alto de Boston que passava calmamente, ou "azul" para a mulher de Detroit que estava sentada do outro lado da sala. Mas eu me comprometera com essa aprendizagem e sabia que, como um enigma, ela continha um mistério. (Além disso, ninguém parecia ser suficientemente desafiador para *me* enganar!)

> Deus é amor, mas consiga isso por escrito.
> — Gypsy Rose Lee

À medida que o dia passava, comecei a perceber que era bastante natural querer saber, e bastante familiar não querer. Como era parecido com a minha vida. Eu buscara terapeutas e professores para me ajudarem a descobrir como eu deveria viver, mas mesmo se eles me tivessem dito diretamente, eu teria que procurar de qualquer maneira. Se eles tivessem apontado e dito: "Vê! Você vê o seu caminho? Você vê o que deve fazer?", será que teria sido útil? Se eles tivessem feito a viagem antes de mim, dizendo-me exatamente o que fazer, eu ainda teria de subir sozinha na balsa e lutar para fazer a viagem.

Se você usar as informações deste livro para classificar outras pessoas, não o estará usando com as mãos limpas. Se usá-las para contar às pessoas quem elas são e como deveriam viver, não o estará usando com mãos limpas.

Quando ensino as pessoas, elas não devem partir achando que *eu* sou brilhante; devem partir achando que *elas* são brilhantes. Muitos terapeutas e professores usam o seu conhecimento para ter poder *sobre* outras pessoas. Elas fazem terapia ou ensinam *para* outras pessoas, em vez de **com** outras pessoas.

As informações deste livro podem ser usadas como uma ferramenta ou como uma arma. Elas podem impedir a intimidade ou favorecê-la. Podem ser usadas para diferenciar as pessoas em categorias de pontos vermelhos, azuis e amarelos, para classificar e separar, ou podem ser usadas para nos unir aos outros numa tapeçaria de cores e trama maravilhosas.

Este livro é uma balsa, não o rio. Ele oferece uma ferramenta e as habilidades para utilizá-la, não respostas. A comunicação e o relacionamento são formas de arte. Posso aprender as habilidades que me ajudarão a processar as palavras. Mas isso não significa que posso escrever. A arte envolve a utilização das habilidades e das ferramentas para expressar a riqueza da minha vida.

Usar essas informações com mãos limpas significa estar com as pessoas, com admiração e respeito: "Imagino como ela está pensando nisso. Imagino como seria perceber o mundo da sua maneira, e como a mente de alguém teria de trabalhar para conseguir fazer isso bemfeito. Imagino como poderia transmitir isso de modo que ela pudesse receber, e como poderia chegar até ela."

Usar essas informações com mãos limpas significa estar disposto a conhecer os outros com o coração, assim como com o cérebro; estar disposto a ser a outra pessoa, a enxergar o mundo com os seus olhos, a falar na sua linguagem.

> O importante é saber como receber todas as coisas tranqüilamente.
> — Michael Faraday

Usar essas informações com mãos limpas significa estar disposto a jamais ter certeza de saber nada sobre a outra pessoa e sentir-se muito à vontade com isso. "Achei que se caminhássemos juntos ficaríamos mais próximos, mas ele parece mais nervoso; vou tentar lhe escrever um bilhete." Durante dez anos, eu estava absolutamente certa de que a mente da minha amiga Joanne usava o mesmo padrão da minha. Eu lhe disse isso e, como tinha tanta certeza, ambas agíamos como se fosse verdade. Infelizmente, uma década depois, percebemos que eu estivera terrivelmente enganada. A partir daí, mesmo quando tenho certeza absoluta de compreender como funciona a mente de alguém, uma pequena parte de mim recua, sussurrando: "Talvez, mas, imagino se..." O presente desse grande erro foi que cada uma de nós aprendeu a caminhar lado a lado com essa abordagem, em vez de segui-la obedientemente.

Você já passou os dedos sobre uma folha escrita em braile? Imagine como seria ter mãos tão curiosas, tão observadoras, tão maravilhosamente receptivas a cada pontinho, permitindo que os seus dedos e a sua mente pudessem lê-las ao mesmo tempo. Essas são mãos limpas. Se você pode imaginá-las, pode criá-las.

Quando eu dava aulas para crianças, descobri que era muito mais eficaz pedir que elas criassem as regras do que impor as minhas. Ao decidir que eu desejava treinar outras pessoas a usar essa abordagem em seu trabalho, decidi fazer o mesmo que na sala de aula, em vez de tentar elaborar um código de ética. Um dos requisitos para obter o certificado era o candidato relacionar as "regras" para usar esse sistema. A lista a seguir foi apresentada por um padre de New Hampshire

Do rev. Marjean Bailey para o rev. Marjean Bailey:

1. Não use isso com pessoas ou com um grupo de pessoas sem o seu conhecimento e aprovação.

> Como eu trabalho?
> Eu tateio.
> — Albert Einstein

2. Reconheça o mérito dos seus professores.
3. Se você quiser experimentar, peça permissão e dê espaço para que a pessoa possa parar quando quiser.
4. Respeite a contribuição de cada pessoa e procure descobrir a sua beleza.
5. Aja lentamente, conforme necessário, para não violar a alma da pessoa ou do grupo e, ao mesmo tempo, tente ser suficientemente corajoso para falar a verdade quando necessário, interferindo com cuidado e estando disposto a reconhecer os seus erros.
6. Use o maior número de modos de apresentação possível quando estiver pregando, ensinando e curando, para que todos se sintam incluídos.
7. Respeite a alegria, bem como a dor.
8. Não manipule um membro do grupo com aquilo que você sabe sobre a maneira de funcionar da mente daquela pessoa, para satisfazer alguma intenção que você está escondendo.

Aplicando a aprendizagem:
O desafio de se tornar uma ponte

No quinto dia de uma conferência que dei há alguns anos, fora de Washington, D.C., Thich Nhat Hanh, um monge budista vietnamita, contou uma história sobre a diferença entre transmissão e transformação. Ele descreveu como transmitimos sementes modificadas de violência, destruição e medo, de geração para geração. "Cada um de nós também tem a opção de transformar essas sementes; de criar um domo de calor, uma estufa de paz, de regar as sementes com as nossas lágrimas e fertilizá-las com a nossa sabedoria. Então, o que iremos transmitir será transformado em algo vivo e inteiro."

Enquanto ele falava, eu estava muito consciente de estarmos há apenas alguns quilômetros do agitado subúrbio de Washington, Anacostia, onde mais crianças eram mortas num mês do que num ano em Belfast, Irlanda do Norte. Como criar esse domo de calor? Como construir essa estufa de paz e segurança?

> Não existe um lugar onde você possa ir e estar apenas com pessoas iguais a você.
> — Bernice Johnson Reagon

Como curvar esse modelo, levando-o de volta à sua fonte, como uma cobra com o rabo na boca? Como levá-lo às irmãs Jerome nos campos de trabalho da Flórida para Detroit, para as crianças tendo crianças em Four Corners, cujos pequeninos úteros contêm a sua única chance de amor?

E quanto à Anacostia? Sempre que aprendo uma nova metodologia psicológica ou educacional, pergunto: "Mas, e quanto a Anacostia? Isso fará alguma diferença lá? Isso ajudará lá?" Não que eu considere Anacostia necessariamente mais importante do que Damaiscotta, Maine. Apenas precisamos nos lembrar de toda a nossa tribo humana.

Acho que não podemos nos permitir continuar fingindo que uma enorme parte da nossa população não precisa de apoio, de recursos, de educação. Descobrindo como podemos ensinar as crianças de Anacostia mais eficazmente, também podemos encontrar uma forma de melhorar o ensino para as crianças em Damariscotta.

Anos atrás, a irmã Agnes me ensinou que existem dois tipos de ignorância: a vencível e a invencível. A primeira é inocente, pois origina-se da falta de exposição ao conhecimento. Mas a última é uma ignorância desejada, um desvio consciente da verdade, uma negação dela. Você leu este livro, eu o escrevi. Assim, ambos somos responsáveis por encontrar uma maneira de enraizar aquilo que ele oferece, aquilo que consideramos útil nas instituições dessa cultura, criadas para ensinar, servir e curar.

Poucos de nós desconhecem o fato de que a distribuição de recursos nessa sociedade, incluindo os recursos educacionais, está ficando severamente desequilibrada. Um dos motivos pelos quais escrevi este livro foi a frustração de só ensinar "aqueles que têm". Não estou pedindo a você ou a mim mesma para nos privarmos, simplesmente, para transmitirmos a nossa totalidade para os outros.

Apesar de não gostar de admitir, houve um período, anos atrás, em que eu resguardava a minha mente. Ao treinar psicoterapeutas e professores, secretamente eu temia que, se ensinasse tudo o que sabia, ficaria sem trabalho, descartada, extinta. Eu dosava aquilo que ensinava: um pouco esse ano e, então, eles que voltassem no ano seguinte se quisessem mais. Estremeço ao escrever isso, mas é verdade. Essa dosagem da minha mente foi uma doença espiritual.

> Minha vida escuta a sua.
> — Muriel Rukeyser

Minha vida provou que, se eu ensinar tudo o que sei, se deixar a totalidade que está dentro de mim transbordar, até me esvaziar, esse vazio se abrirá ternamente, deixando espaço para eu aprender, criar, receber.

Com freqüência, quando estamos ensinando "aqueles que têm" em Los Angeles, Pittsburgh, Portland ou Boston, Andy e eu ouvimos comentários como: "Realmente, não há nada errado. Estou ganhando mais dinheiro do que jamais ganhei, mas meu fogo apagou. Meus sonhos são sem graça." Enquanto essas pessoas descrevem a sua vida, penso em aparelhos para remar, aparelhos para subir montanhas, bicicletas ergométricas, aparelhos para esquiar, tantos aparelhos que nos fazem suar e nos esforçar, sem levar ninguém a lugar nenhum.

Andy diz: "Nunca vivi uma época com tantos danos e tanto potencial, compartilhando o mesmo momento". *Potentia,* em latim, quer dizer tanto potência quanto potencialidade. O poder e a possibilidade estão presentes como sementes. Essa possibilidade e esse poder esperam para ser descobertos, como o lençol de água sob nossos pés. Não precisamos possuí-lo nem merecê-lo. Só temos de decidir como desejamos libertá-lo e direcioná-lo.

É preciso construir pontes entre "aqueles que têm" e "aqueles que não têm". Depois de vivenciar a aprendizagem oferecida neste livro, você pode decidir reunir alguns amigos e transmitir o que foi valioso para você. Outra ponte. Outra chance para que essas habilidades simples sejam passadas de mão em mão, de boca para ouvido, de imaginação para imaginação, de Damariscotta, Maine, até Anacostia, D.C.

De volta às minhas raízes: o salgueiro

Meu pai era o oitavo filho de minha avó, nascido no oitavo dia do oitavo mês. Havia mais alguns números oito em seu nascimento, mas não me lembro deles agora. Não é preciso dizer que oito sempre foi o seu número de sorte. Se você lhe perguntasse diretamente se ele acreditava em sorte, ele reviraria os olhos azuis e diria que tudo isso era uma bobagem sem sentido. Então, diria que o trabalho duro e a determinação eram o que realmente importava.

> Sempre se soube que as mentes criativas sobrevivem a qualquer tipo de mau treinamento.
> — Anna Freud

Minha avó dizia que eu ia ser professora e teria um filho. Ela insistia em dizer que havia uma tradição muito importante e que eu precisava lembrar de segui-la quando ele estivesse aprendendo a ler. Naquela época, eu tinha nove anos, e a idéia de ter um filho era uma coisa ridícula até de pensar. Mas eu gostava de tradições. Tradições eram velas, penas, palavras misteriosas e mãos se movendo como flores ao vento. Quando ela falava comigo sobre algo importante, geralmente colocava a palma quente da sua mão sobre a minha testa, e nossas mentes se tornavam duas aquarelas, fundindo-se uma na outra.

"Quando o seu filho aprender a ler, na primeira vez que ele estiver lendo você deve lhe dar um pedaço de bolo de mel, alguma coisa doce para comer. A partir desse momento, a mente dele associará as duas coisas. Aprendizagem e doçura. Não esqueça!"

Perguntei a ela se alguém lhe dera alguma coisa doce para comer quando ela era uma jovem leitora. Ela sorriu e balançou a cabeça. "Eu nunca aprendi a ler. Não havia livros na minha aldeia e, além disso, eu era uma menina. As meninas deviam cozinhar e limpar, não ler livros e aprender. É assim que era onde eu nasci, na Rússia. É por isso que eu quis ir embora. Por isso, e por causa dos cossacos e dos *pogroms*."

Eu sabia que ela não queria falar sobre os *pogroms*. Seus dois primeiros filhos haviam morrido num *pogrom*, além da sua mãe e do seu irmão. Eu não sabia muito bem o que era um *pogrom*. Só sabia que tinha a ver com soldados bêbados e judeus sendo mortos, tarde da noite, só por diversão, porque eram judeus.

Decidi não perguntar mais sobre os *pogroms*, mas queria saber se ela dera bolo de mel ao meu pai quando ele aprendeu a ler. Seus olhos ficaram vermelhos, como se estivessem sangrando e suas palavras ficaram monótonas, como se ela estivesse chorando por alguém que morreu.

"Éramos muito pobres para comprar mel. Seu avô trabalhava na confeitaria e oito filhos eram muitas bocas para alimentar. Não tínhamos dinheiro para comprar doces e o seu pai precisou abandonar a escola muito cedo, para trabalhar e nos ajudar. Ele nunca aprendeu a ler muito bem. Essa é uma das coisas das quais sinto vergonha. É por isso que é tão importante você ensinar o *seu* filho e muitas pessoas a gostarem de aprender. Então, tudo ficará certo com o seu pai. A sua raiz germinará por seu intermédio e pelo seu filho, e tudo ficará bem. Você e o seu filho aprenderão a ler por mim, pelo seu pai, pelos meus filhos no *pogrom*, por todos nós, e tudo ficará bem."

> As pessoas que não estiveram em Narnia algumas vezes pensam que uma coisa não pode ser boa e terrível ao mesmo tempo.
> — C. S. Lewis

Estou lembrando do escritório do meu pai em Chicago. Eu estava sentada na sua sala, com grandes janelas de vidro em frente a uma rodovia. Eu ia lá muitas vezes depois da escola. Tarde, depois que a sua secretária ia embora. Ele tinha uma secretária porque se tornara executivo de uma grande empresa — o presidente, na verdade. Eu sabia que ele era muito importante porque a sua fotografia saía nos jornais e todos comentavam como ele trabalhara duro para subir a escada do sucesso. Eu não entendia bem de que escada eles estavam falando, mas ele e a minha mãe riam muito, davam muitas festas, e o meu pai trabalhava naquele escritório grande com todas aquelas janelas e um gravador.

Eu tinha dez ou onze anos de idade e os gravadores não eram como os minúsculos *Walkmen* de hoje. Eles eram muito pesados, com dois grandes carretéis de plástico, que tinham uma fina fita marrom brilhante. Perto do gravador havia muitas pilhas de papéis. Papéis do escritório, jornais, muitos tipos e cores de papéis impressos, datilografados ou apenas escritos.

Meu pai e eu tínhamos um segredo. Ninguém na empresa sabia que ele não sabia ler. Ele segurava os papéis entre as mãos e franzia um pouco as sobrancelhas, balançando a cabeça lentamente, resmungando "Hummm" enquanto seus olhos se movimentavam ao acaso pelas páginas que ele virava. Ele até tinha um livro sobre o criado-mudo perto da cama; ele abria o livro e o segurava por alguns minutos antes de adormecer, os óculos para "leitura" pendurados na ponta do nariz. Não sei se a minha mãe e a minha irmã sabiam. Acho que ele imaginava que se agisse como se soubesse ler, então em algum dia mágico ele seria capaz.

Certamente, ele não queria que os outros homens da empresa soubessem disso. Eu era sua aliada, sua cúmplice, a guardiã da sua vulnerabilidade secreta. Eu colocava os livros da escola no chão, apertava o botão do gravador e começava a ler um dos papéis das pilhas sobre a mesa. Ele ia reuniões de vendas, fazia brilhantes apresentações orais, dava entrevistas para jornais e eu ficava apenas sentada naquela grande mesa de mogno, na cadeira giratória de couro marrom, lendo memorandos, relatórios, correspondência e cotações do mercado.

> Cada um de nós precisa criar o próprio verdadeiro caminho e, quando o fizermos, esse caminho irá expressar o universo.
> — Suzuki Roshi

Ele sempre deixava uma moeda sob o mata-borrão verde, para que eu pudesse comprar um sorvete a caminho de casa. Alguma coisa doce depois da minha leitura.

Alguns anos depois, estávamos caminhando perto do reservatório próximo à nossa casa, quando encontramos um imenso salgueiro-chorão. Corri para baixo dele e olhei para cima. O vento soprava os galhos para trás e para a frente sobre o meu rosto. Eu ri tanto que ele também veio e ficou ao meu lado fazendo a mesma coisa.

"São como dedos verdes mágicos, papai. A árvore está falando com a gente, fazendo amizade, nos amando com esses longos dedos verdes com folhas. Gostaria que tivéssemos uma árvore como essa, papai."

O meu pai não podia ouvir um desejo meu, por menor que fosse, sem tentar satisfazê-lo. Ele me disse que aquele salgueiro tinha uma raiz muito forte e sugeriu que pegássemos alguns galhos para levar para casa. Cuidadosamente, selecionamos dois galhos. Quando chegamos em casa, nós os colocamos dentro de garrafas cheias de água. Todas as noites, ele voltava para casa e íamos até a garagem para ver se os galhos haviam criado raízes.

Quando as garrafas finalmente ficaram cheias de fiozinhos brancos, fomos para o quintal plantá-los. Ele cavou o seu buraco primeiro e, então, me disse para eu deixar o meu instinto encontrar o lugar onde plantar a minha árvore. Eu teria de encontrar um lugar com a distância certa da árvore dele. Então, quando elas crescessem, seus galhos se tocariam. Ele disse que quando isso acontecesse, eu saberia que nós nunca estaríamos realmente separados.

Eu tinha medo de errar porque parecia muito importante. Mas, fechei os olhos, fiquei muito silenciosa dentro de mim, como costumava fazer com a minha avó. Era como se eu pudesse sentir a sua mão sobre a minha testa novamente, seu coração pulsando em minha mente. E então eu soube! Pulando com os dois pés sobre a pá, comecei a cavar um buraco, no local que, eu tinha certeza, era o lugar certo.

Alguns anos após a morte de meu pai, quando eu já era adulta e meu filho estava na faculdade, Andy e eu voltamos àquela casa, na Bon Air Avenue, em New Rochelle. Levei-o para dar uma volta no reservatório e subimos no rochedo do bosque que eu costumava chamar de o "Lugar Só Meu". Eu não conhecia os atuais proprietários da casa mas, de qualquer maneira, entrar nela não era importante. O que importava eram aqueles dois salgueiros no quintal.

> O crescimento artístico é, mais do que qualquer coisa, a percepção refinada da honestidade. O idiota acredita que é fácil ser honesto; só o artista, o grande artista, sabe como realmente é difícil.
> — Willa Cather

Passamos pelas cortinas fechadas na ponta dos pés, pelo pátio onde meu pai orgulhosamente assava hambúrgueres. Eu quase esperava ver o meu cachorro Honey vir correndo atrás de nós enquanto caminhávamos pelo jardim.

E eles estavam lá — dois enormes salgueiros. As coisas da infância sempre parecem menores quando crescemos, mas esses salgueiros eram ainda maiores do que eu imaginava. Seus troncos verde-amarelados eram demasiadamente grandes para serem abraçados. Mas, apesar de estarem a uma distância de mais ou menos nove metros, seus galhos *realmente* se tocavam enquanto dançavam ao vento.

Andy me abraçou e eu comecei a chorar. Chorei pelos ancestrais do meu pai, que nunca conheceram uma terra que pudessem chamar de sua. Chorei pela sua mãe, que carregava consigo um punhado de terra dentro de uma caixinha de madeira para se sentir em casa nos cortiços de Nova York. Chorei pelo homem que não sabia ler, mas que conseguira viver na terra que podia chamar de sua, a terra onde ele pôde plantar dois salgueiros com a sua filha, para que eles nunca se separassem.

Pegamos um galho de cada uma das árvores e levamos conosco para Vermont. O meu criou raízes, o de Andy não. Cavamos um buraco perto do lago e cuidamos dele todos os dias até ele se transformar numa árvore.

Em 8 de agosto de 1988, às 8 horas e oito minutos da noite, quando o sol estava começando a sumir no lago como uma fatia de laranja eterna, Andy e eu cortamos oito brotos do salgueiro. Cada um deles foi cuidadosamente colocado dentro de uma garrafa cheia de água. Abraçados, cantamos: "Parabéns a você" o mais alto que pudemos.

A maioria dos brotos não conseguiu sobreviver ao inverno. Levamos um dos que conseguiu, dentro de um pequeno vaso branco de porcelana, para a minha mãe, em Denver, Colorado. Ele morreu alguns dias depois. O oitavo sobreviveu, naturalmente. Enquanto escrevo isso, ele está sobre a minha mesa dentro de um vaso de barro, próximo às pilhas de papel rabiscado com anotações, as centenas de páginas datilografadas, cheias de histórias para este livro.

Não há motivo para ele ter conseguido sobreviver dentro de casa. Os salgueiros precisam de espaço, água e terra molhada fertilizada.

> A solidão e a ligação são como marés no oceano do seu coração; marés separadas, que vêm e vão.
> — M. C. Richards, *Centering*

Gosto de pensar que ele traz o meu pai para perto de mim, enquanto escrevo este livro, que ele não teria conseguido ler. Gosto de pensar que ele deixa a sua forma impressa nas páginas, como dedos que deixam sua marca na cera morna.

Gosto de pensar que a minha avó também vem ver essas páginas, colocando a palma quente da sua mão sobre a minha testa e sussurrando: "Não esqueça de lhes dar um pedaço de bolo de mel para comer depois de lerem esse livro. Os meninos e as meninas. Os homens e as mulheres. Os russos e os americanos. Não os deixe esquecer de comer um pedaço de bolo de mel para que a mente deles associe as duas coisas a partir daquele momento. Aprendizagem e doçura. Lembre disso agora!"

Tenho uma profunda intuição sobre o Possível dentro de você, de mim; da força trabalhando nos seres humanos e que abre a nossa mente e nos leva para a frente. O meu sonho é que aquilo que compartilhei possa ajudá-lo a encontrar amizade, abrigo e arte. Eu lhe peço para receber as idéias deste livro como sementes, como água, como fogo; viva a sua vida nelas, torne-as reais. Que elas possam brilhar intensa e constantemente para você, hoje e sempre.

Bibliografia

BORYSENKO, JOAN. *Guilt is the teacher. Love is the lesson.* Nova York, Warner Books, 1990.

Brain/Mind Bulletin. Los Angeles, Interface Press.

BRIGGS, JOHN. *Fire in the crucible.* Nova York, St. Martin's Press, 1988.

CAMPBELL, DON G. *The roar of silence: healing powers of breath, tone and music.* Wheaton, Ill.: Theosophical Publishers, 1988.

CAPPACHIONE, LUCIA. *The power of your other hand.* N. Hollywood, CA.: Newcastle Publishing Co., 1988.

CARBO, MARIE, DUNN, RITA, O. KENNETH. *Teaching students to read through their individual learning styles.* Englewood Cliffs, NJ: Prentice Hall, 1986.

CSIKSZENTMIHALYI, MIHALY. *A psicologia da felicidade.* São Paulo, Saraiva, 1992.

DOBSON, TERRY & MILLER, VICTOR. *Giving in to get your way.* Nova York, Delacorte, 1978.

EDWARDS, BETTY. *Drawing on the right side of brain.* Los Angeles, J. P. Tarcher, 1989.

EISLER, RIANE. *The chalice and the blade.* São Francisco, Harper and Row, 1987.

FISHER, ROGER & URY, WILLIAM. *Getting to yes.* Boston, Houghton Mifflin, 1981.

FOX, MATTHEW. *Common boundary,* julho/agosto, 1980.

_____. *Original blessing.* Santa Fé, NM, Bear and Co., 1983.

GOLDBERG, NATALIE. *Writing down the bones.* Boston, Shambhala, 1986.

GOLEMAN, DANIEL E. & JOHN, ROY. "How the Brain Works — A New Theory." *Psychology Today*, maio, 1976.

HALL, EDWARD T. *Beyond culture.* Garden City, Nova York, Anchor Press/ Doubleday & Co., 1976.

HANH, THICH NHAT. *Being peace.* Berkeley, Parallex Press, 1987.

_____. *The sun my heart.* Berkeley, Parallex Press, 1988.

HECKLER, RICHARD STROZZI. *The anatomy of change.* Boston, Shambhala, 1984.

KABBAT-ZINN, JON. *Full catastrophe living.* Nova York, Delacorte Press, 1990.

KLAUSER, HENRIETTE ANN. *Writing on both sides of the Brain.* São Francisco, Harper and Row, 1986.

KOPP, SHELDON. *Raise your right hand against fear.* Minneapolis, CompCare Publishers, 1988.

KRISHNAMURTI, J. *The first and last freedom.* Wheatonn, Ill, Theosophical Pub. Co., 1968.

_____. *Think on these things.* Nova York, Harper & Row, 1964.

LEGUIN, URSULA. *Dancing at the edge of the world.* Nova York, Grove Press, 1989.

LESSING, DORIS. *O carnê dourado.*

LEWIS, C. DAY. *The poetic image.* Londres, Oxford University Press, 1948.

LUKE, HELEN. *The inner story.* Nova York, Crossroad Press, 1982.

MASTERS, ROBERT E HOUSTON, JEAN. *Mind games.* Nova York, Viking, 1972.

NEIHARDT, JOHN G. *Black elk speaks,* Lincoln, NE: University of Nebraska Press, 1961.

PEARCE, JOSEPH CHILTON. *The bond of power.* Nova York, Dutton, 1981.

REED, WILLIAM. *Ki: a practical guide for westerners.* Nova York, Japan Publications, 1986.

RICHARDS, M. C. *Centering.* Middletown, Ct, Wesleyan University Press, 1989.

_____. *Towards wholeness,* Ct, Wesleyan University Press, 1980.

ROSSI, ERNEST & CHEEK, DAVID B. *Mind body therapy*. Nova York, Norton & Co., 1988.

SAFRANSKY, SY."The Man in the Mirror". *The Sun,* dezembro, 1989.

SATIR, VIRGINIA. *Peoplemaking*. Palo Alto, Ca., Science and Behavior, 1972.

SHANGE, NTOZAKE. "Conversations With the Ancestors". *Riding the moon in Texas*. Nova York, St. Martin's Press, 1987.

STAFFORD, WILLIAM. *You must revise your life*. Ann Arbor, The University Of Michigan Press, 1986.

TOHEI, KOICHI. *Ki in daily life,* Nova York, Japan Publications, 1978.

WILLIAMS, LINDA V. *Teaching for the two sided mind*. Nova York, Simon & Schuster, 1983.

WISE, ANNA. *The high performance mind*. Nova York, Tarcher, 1995.

As antigas sequóias do norte da Califórnia, imensas como são, têm uma raiz muito superficial, apesar de não serem derrubadas pelo vento mais forte. O segredo da sua estabilidade é o entrelaçamento da raiz de cada árvore com as que estão ao seu lado. Assim, é formada uma ampla rede de apoio logo abaixo da superfície. Nas tempestades mais violentas, essas árvores dão apoio umas às outras.

Agradecimentos

Saudando aqueles que me apoiaram

Edith e William Mechanic

Andy Bryner

David Peck

Mary Jane Ryan

Anne Powell

Joanne Whelden, Maria Chiriboga, Lisa Caine, Peris Gumz, Larry Rippel, Rachel Edwards, Peggy Tileston, Mary Pat Mengato, Dale e Tom Lowery, June LaPointe, Shauna Frazier, Jane LaPointe, Marjean Bailey, Tami Simon, Judy Brown, Rita Cleary
The Madison Study Group, The Pennsylvania Study Group, The East Coast Study Group, The California Study Group

Will Glennon

Ame Beanland

Emily Miles

Brenda Knight

Jennifer Brontsema

Thich Nhat Hanh, Milton Erickson, Richard Kuboyama, Terry Dobson, Lloyd Miyashiro

Dawna Markova

Filiada ao Centro de Aprendizagem Organizacional do Massachussets Institute of Technology, MIT, é especializada em criar experiências de aprendizagem que estimulem o potencial mental utilizando múltiplos instrumentos. Ph.D., é conhecida por sua pesquisa nas áreas de percepção e aprendizagem.

É co-autora, com Andy Bryner, de *Inteligência total — a utilização plena da capacidade mental no exercício da liderança*, publicado pela Summus em 1998.

IMPRESSO NA

sumago gráfica editorial ltda
rua itauna, 789   vila maria
02111-031   são paulo   sp
tel e fax 11 **2955 5636**
sumago@sumago.com.br

GRÁFICA
sumago

— — — — — — — — — dobre aqui — — — — — — — — — —

CARTA-RESPOSTA
NÃO É NECESSÁRIO SELAR

O SELO SERÁ PAGO POR

AC AVENIDA DUQUE DE CAXIAS
01214-999 São Paulo/SP

— — — — — — — — — dobre aqui — — — — — — — — — —

summus editorial

CADASTRO PARA MALA DIRETA

Recorte ou reproduza esta ficha de cadastro, envie completamente preenchida por correio ou fax, e receba informações atualizadas sobre nossos livros.

Nome: _____ Empresa: _____
Endereço: ☐ Res. ☐ Coml. _____ Bairro: _____
CEP: _____-_____ Cidade: _____ Estado: _____ Tel.: ( ) _____
Fax: ( ) _____ E-mail: _____ Data de nascimento: _____
Profissão: _____ Professor? ☐ Sim ☐ Não Disciplina: _____

1. Você compra livros:
☐ Livrarias ☐ Feiras
☐ Telefone ☐ Correios
☐ Internet ☐ Outros. Especificar: _____

2. Onde você comprou este livro? _____

3. Você busca informações para adquirir livros:
☐ Jornais ☐ Amigos
☐ Revistas ☐ Internet
☐ Professores ☐ Outros. Especificar: _____

4. Áreas de interesse:
☐ Educação ☐ Administração, RH
☐ Psicologia ☐ Comunicação
☐ Corpo, Movimento, Saúde ☐ Jornalismo
☐ Comportamento ☐ Propaganda e marketing
☐ PNL ☐ Cinema

5. Nestas áreas, alguma sugestão para novos títulos? _____

6. Gostaria de receber o catálogo da editora? ☐ Sim ☐ Não
7. Gostaria de receber Informativo Summus? ☐ Sim ☐ Não

Indique um amigo que gostaria de receber a nossa mala direta

Nome: _____ Empresa: _____
Endereço: ☐ Res. ☐ Coml. _____ Bairro: _____
CEP: _____-_____ Cidade: _____ Estado: _____ Tel.: ( ) _____
Fax: ( ) _____ E-mail: _____ Data de nascimento: _____
Profissão: _____ Professor? ☐ Sim ☐ Não Disciplina: _____

Summus editorial
Rua Itapicuru, 613 7º andar 05006-000 São Paulo - SP Brasil Tel.: (11) 3872-3322 Fax: (11) 3872-7476
Internet: http://www.summus.com.br   e-mail: summus@summus.com.br